民主主義のための社会保障

SOCIAL SECURITY

香取照幸
KATORI TERUYUKI

東洋経済新報社

はじめに

２０１７年6月に前著『教養としての社会保障』（東洋経済新報社）を上梓してから３年余が経ちました。前著の中でも書いたように、社会保障を生涯の職としてきたとはいえ、社会保障というのは分かっているようで理解するのが難しい世界です。はたして私のような者、初めて本を書いているような者が書いた本が皆さんに受け入れてもらえるのか、不安がいっぱいでした。

幸い、多くの方々から心温かい書評もいただいて、出版元である東洋経済新報社にご迷惑をおかけすることなく（笑）、第7刷まで版を重ねることになりました。私の本を手に取ってくださった読者の皆様方に、心より感謝申し上げます。

本の上梓と相前後して、縁あって海外勤務をすることになり、３年の間、海外から日本を見る、という貴重な経験をしました。海外勤務は１９８０年代半ば、20代の頃にパリにある国際機関で研究員として勤務して以来約30年ぶりでしたが、今回の海外勤務を通じ、社会保障と経済、社会保障と政治、日本が抱えている様々な課題と社会保障との間には、とても深いつながりがあることを改めて実感しました。

前著のいわば続編になる本書では、大きく二つのことをお話ししたいと思っています。まず、第１部で、社会保障に何ができるか、何をすべきかについて、前著のおさらいという形でもう一度整理します。その上で、第２部で、21世紀前半、２０５０年に向けての次なる社会保障改革の課題について議論したいと思います。

私が日本を離れている間に、二度にわたって実施が延期されてきていた消費税率の10%への引き上げがようやく実現しました。２００８年、当時の自民党福田政権の下で設置された「社会保障国民会議」で、社会保障の機能強化と安定財源確保のための消費税改革が提起されてから10年、旧民主党政権時代に民自公３党の合意で成立した「社会保障・税一体改革関連法」から５年、ようやく「社会保障・税一体改革」が達成されたことになります。

社会保障は文字通り国民生活に直結しているので、大きな国民の関心事です。なので、ある意味社会保障をめぐる議論は「政治そのもの」ということになり、医療・介護・年金といった社会保障をめぐる改革は、常に国会の大きな争点になり、与野党の対立構造の中で議論されてきました。政権交代という大きな時代の流れの中で、与党が野党になり、野党が与党になり、ある意味各政党がそれぞれ与党を経験しました。そのことで、各党が社会保障改革の難しさと合意形成の重要性を認識し、「社会保障を政争の具にしてはならない」という共通理解が生まれたのだと思います。

少子高齢化・人口減少は、社会保障のみならず経済社会のあらゆる分野に大きな変革を迫る「地殻変動」のようなものです。どの党が政権をとろうが、誰が総理になろうが、逃げることはできません。社会保障・税一体改革は、いわばその集大成として、社会保障を財政や経済と一体的に捉えて改革を行うという、社会保障改革の新しい次元を切り開いた大きな改革だったと言えると思います。

とはいえ、社会保障改革はこれで終わったわけではありません。残された課題、やり残した課題はまだまだあります。30年後の２０５０年（令和32年）に日本が生き残っているために（というと大袈裟ですが、今時の言い方で言えば、「持続可能な社会」を作っていくために）、やっておくべき改革、今すぐにでも着手すべき改革があるはずです。言ってみれば、「ポスト一体改革の課題」です。

第２部で、それは何なのか、総論、各論に分けて考えていきたいと思っています。

もう一つ、本書でお話ししたいこと、それは、社会保障を超えて、と言うか、社会保障の基盤となる日本社会、日本経済をどうやって再生させるか。今の日本が抱えている問題をどうやって解決したらよいか、ということです。

この３年間、外から日本を見てきました。日本の中にいては見えないこと、日本の強さ・弱さをいろいろな場面で感じてきました。１９８０年代、日本の絶頂期と言える時代にフランスで過ごしたときの経験と今回の経験との比較からも、多くのことが見えてきました。

今回の海外勤務では、様々な面で日本のガラパゴスぶり、ズレまくりぶりを連日歯痒い思いをしながら痛感していました。政治のありよう、経済のありよう、後進国並みのＩＴ環境、根拠のない楽観論、変化に立ち向かわない埋没感、緊張感・危機感の欠如……いろいろな意味で日本の感覚は世界の感覚とズレています。そしてさらに悪いことに、その「ズレぶり」、外の世界から見えている自分たちの姿と自分たちの自画像とのギャップをほとんどの日本人が自覚していない（というか「見ようとしない」）ということに、大きな違和感を感じていました。

コーカサスという、何というか「風の谷のナウシカ」に出てくる「風の谷」のような場所から、大国の間に生きる小国の姿、常に世界情勢に振り回され、その中で生き残りをかけて国の舵取りをする緊張感に満ち溢れた小国から見る世界の実像を身近に感じながら過ごしてきましたが、今回のCOVID-19禍をめぐる世界各国の対応と日本のそれとを見ていると、リーダーの力量差、民主主義への感覚の差、ガバナンス、マネジメント能力、あらゆる面で「ガラパゴス」化している日本の問題が、一気に露呈しているように思えます。

今回のCOVID-19禍は、今まで意識されてこなかった日本社会・日本経済が抱えている様々な潜在的問題を一気に顕在化させ、白日のもとに晒しました。言い方を変えれば、新型コロナは時計の針をいっぺんに進めて、5年後10年後に顕在化する課題を目の前に展開させてくれた、ということもできるでしょう。

すでに多くの識者の方々が指摘しているように、「旧に復する」という意味での「回復」「再生」はもうありません。「ウィズ・コロナ」であれ「アフター・コロナ」であれ、日本はもう以前のような日本にはなれません。前に進むしかありません。後戻りはできないのです。

「変わらないためには、変わらなければならない」（『山猫』ランペドゥサ）

第3部では、日本再生の基本条件、すなわち、経済・財政・社会保障を一体で考え、いかにして日本を再生させるかについて論じてみたいと思います。

社会保障は大きな社会経済システムの重要な一部です。その改革シナリオは、社会保障だけを考えていても描けません。前著でも書いたように、「この国のかたち」をどうしていくのか、を同時に考えなければ、解は導けないのです。日本の社会保障改革を進めていくためにも、日本経済再生と財政再建とを同時に考えなければなりません。

そして第4部で、私自身の2回の海外経験から見えてきた、「精神の鎖国」日本の現場をどう認識し、どう変革できるのか、変革していくべきなのかについて議論し、ポピュリズムが席巻し、自由と民主主義への信頼が揺らいでいる国際社会の中にあって、私たち自身が今考えなければならないこと、そして民主主義を守るために社会保障ができることについて論じたいと思います。

この原稿を書いている時点で、COVID-19は世界中で収束の兆しはまったく見えてきていません。人類は歴史の中で何度も猖獗を極めるパンデミックを経験してきましたが、その都度それを乗り越えて新たな地平を切り開いてきました。

「アフター・コロナ」がどんな世界になるか、私には想像もつきませんが、大事なことは「どうなるのか」ではなくて「どうするのか」だということではないでしょうか。

「悲観主義は気分。楽観主義は意思」（『幸福論』アラン）

本著が、皆さんが日本の未来を考え、皆さん自身の未来をどう切り開いていくかを考える一助となれば、幸いです。

目次

第1部

社会保障の基礎

第1章
社会保障に何ができるのか

1
社会保障の基本的機能

社会保障は「弱者救済の制度」だけではない

社会保障を「弱者救済の制度」と理解している人がことのほか多いようです。

縁あって、今年（2020年）4月から上智大学で教鞭をとっているのですが、学部学生向けの「社会保障論」の講義の冒頭で、「社会保障の機能・役割は何だと思うか」と学生に聞いてみました。すると大半の学生は「社会的弱者を助けること」とか「憲法25条に規定されている国民の最低生活を保障すること」と答えてきました。

もちろんこれはこれで間違ってはいませんが、弱者救済＝救貧は社会保障の機能・役割の一部に過ぎません。救貧は飢饉や大災害の際の政《まつりごと》＝施しとして、世界中どの時代のどの統治者も行ってきたことです。

誤解を恐れずにあえて言いますが、社会保障は社会的弱者や低所得者など「特定の人たち」のための制度、いわゆる「福祉」ではありません。社会保障は「すべての人」のための制度です。

社会保障制度は、産業資本主義の誕生後、近現代社会で形作られた制度です。近現代社会の特徴は、個人の自由と自立を基本とする市民社会、市民一人一人の自由な活動・自己実現が社会の発展を支える社会ということです。

前著（『教養としての社会保障』東洋経済新報社、２０１７年）でも申し上げましたが、社会保障の最も大事な機能は、市民が直面する様々な生活上のリスクを社会連帯の仕組みを通じて軽減することで市民が貧困や生活困窮に陥ることを防ぎ（＝防貧）、社会の安定を図る（＝民生の安定）とともに、市民一人一人が思い切って自分の可能性に挑戦できるようにすること、すなわち「市民の自己実現への営為」を支えることにあります。

このことは、社会保障のもう一つの重要な機能である「社会の持続的な発展に寄与する」ことに繋がります。

社会経済の発展の源泉は構成員一人ひとりの「活力」です。その総和（Σ）が社会の活力であり、社会が発展していく原動力になります。社会が生み出す富＝付加価値の分配が歪めば、富は一部の人に集中していき、社会はより豊かになっていくひと握りの人たちといつまでも貧困に喘ぐ人たちに二極化し、社会を支える真ん中の層がいなくなります。所詮、この世の中は不公平だ、不公正だ、フェアじゃない、と多くの人が感じている社会、一人ひとりの努力が正当に報われると思えない社会、貧富の差が固定し拡大していく社会に人々は正統性を感じることができなくなり、社会への信任は失われます。誰も真面目に働かない、バカバカしい、何をやっても報われない、となったら誰も努力しなくなって社会は停滞し、法律やルールも守られなくなって治安も悪化します。

「支える人のいない社会」は停滞し、不安定化していきます。

社会保障は、「防貧」の機能によって社会の中核を担う中間層の崩壊を防ぎ、所得再分配を通じて経済成長の果実を広く国民に分配することで国民の生活の安心を支え、彼らの安定的な消費によってさらなる経済成長を実現します。実際、第二次大戦後の欧州諸国の経済発展は社会保障の充実と軌を一にしていましたし、日本の高度成長もまた同じような形で実現されました。

近現代国家の社会保障の理念は、社会保障は市民社会の構成員である個人の自由と自立、自己実現を支援するという哲学に支えられています。その根底には、社会の活力は構成員の活力の総和であり、社会経済発展の源泉は構成員の活力なのだという考えがあります。

ミクロでは構成員（個人）の自助の共同化によって自己実現を支援し、マクロでは社会全体のリスク回避費用を最適化して民生を安定化させることにより、経済社会の持続的な発展を支える。それこそが社会保障なのです。

社会保障の機能不全は何をもたらすか

社会保障は近現代国家にとって必要不可欠な機能の一つです。社会保障制度を持たない先進国は一つもありません。

社会保障が機能不全を起こし保障のネットワークが破綻してしまうとどうなるでしょうか。個人は裸で生活上のリスクに晒されることになります。防貧が機能しなければ、人々の生活は簡単に破壊されます。再分配が適切に機能しなければ格差は拡大し、貧困が再生産されます。

市民社会の中心的担い手である中間層は崩壊し、社会が二極に分裂・分断され、求心力を失って不安定化します。中間層の崩壊・貧困化は自立する市民の減少を意味しますから、社会保障の負荷が大きくなって機能不全がさらに進み、そのことがさらなる社会の不安と混乱をもたらすという悪循環に陥ります。社会不安の増大と中間層の崩壊は人々の消費を減少させ、市場を縮小させ、企業の投資の過小を招き、経済成長を阻害します。

今の日本社会が直面している現実は、このことと無関係ではありません。

前著で詳しくお話ししたように、日本の社会保障制度の基本骨格は1960年代に形作られました。1961年に施行された国民皆保険・皆年金制度は世界に誇ることのできる制度です。日本の社会保障制度は戦後の高度成長を支え、高度成長は社会保障の発展を支えてきました。

当時の日本は、毎年100万人以上人口が増加する人口ボーナス期にありました。「全部雇用」と言われるほど失業率も低く、しかも終身雇用で安定していました。都市部では核家族化も進んでいましたが、なお地域社会では三世代同居が一般的で、家族や地域の相互扶助の仕組みも機能していました。

しかし、1970年代後半以降、日本社会は大きく変容していくことになります。まず、2度のオイルショックを経て高度成長が終焉します。都市圏を中心に核家族化が進み、さらには非婚化・晩婚化や離婚の増大などで家族形態が多様化し、かつ規模が小さくなっていきます。

１９８０年代に入ると出生率の低下が顕著となり、日本は少子高齢化への道を進み始めます。さらに１９９０年代には日本独特の雇用習慣である終身雇用にも綻びが見え始め、リストラ・非正規労働者の増大、そして「派遣」というこれまでになかった雇用形態で働く人も登場しました。

他方で平均寿命は伸び続け、人口構成も大きく変化しました。１９７０年に７％に過ぎなかった65歳以上の高齢者が総人口に占める割合は１９９４年に14％を超え、２０２０年には約28・７％にまで膨らみました。

21世紀に入り、世界経済はグローバル化し、日本経済を取り巻く環境も大きく変化していきます。規制改革――新自由主義は世界の潮流となり、日本でも様々な改革が行われました。大きな改革には必ず副作用があります。現代の日本社会が抱える最も深刻な問題は、格差の拡大です。

第２部以降で詳しくお話ししますが、格差の拡大は日本だけではなく世界全体の問題です。しかしながら、皆保険・皆年金が広く国民に支持されることからも分かるように、日本人は「平等」「公平」ということに大きな価値観を置いてきました。長らく日本は「格差の少ない社会」だと信じられてきましたし、実際にそうでした。高度経済成長の時代でも、歴代政権は豊かさの分配に意を払い、都会でも地方でも、サラリーマンでも自営業者でも、皆がそれなりに豊かさを実感できる社会をつくってきました。

しかし、それも今は昔です。

今の日本のジニ係数（所得分配の公平性を示す指標。数値が小さいほど所得分配が公平であることを意味します）はＯＥＣＤ加盟国平均を上回り、かつてＧ７（主要先進７カ国）中最低だった相対的貧困率（所得分布の分散の大きさを表す指標。数値が大きいほど分散が大きい、つまり格差が大きいことを意味します）は、所得再分配前で上から4番目、所得再分配後ではアメリカに次いで2番目に大きい国になってしまいました（図表１－１、図表１－２）。

このことは、日本社会が全体として格差拡大の方向に動いている、ということと同時に、日本の社会保障制度や税制がその拡大を十分是正できていない、ということを示しています。

少子高齢化、経済の停滞、財政の悪化、格差の拡大、生活不安の増大……社会保障が直面する課題は、日本の社会経済が直面する課題と表裏一体の関係にあります。したがって、社会保障の課題だけではなく、社会システム・経済システム・社会保障システムを一体的に考える視点、すなわち、「日本の経済社会全体の課題を解決する」という視点なくしては、社会保障の課題を解決する道筋は見えてきません。

つまり、社会保障改革とは、経済改革であり社会改革でもあります。つまりは政治そのもの、ということなのです。

図表1－1　ジニ係数の国際比較（等価所得ベース）（2016年）

国名	当初所得（再分配前）	順位	可処分所得（再分配後）	順位
スロバキア	0.400	3	0.241	1
スロベニア	0.452	13	0.244	2
チェコ	0.448	12	0.253	3
アイスランド	0.386	1	0.255	4
デンマーク	0.447	11	0.261	5
ノルウェー	0.429	5	0.262	6
フィンランド	0.512	29	0.266	7
ベルギー	0.499	23	0.266	7
スウェーデン	0.434	7	0.282	9
ハンガリー	0.485	21	0.282	10
ポーランド	0.459	15	0.284	11
オーストリア	0.501	24	0.284	13
オランダ	0.445	10	0.285	13
フランス	0.516	31	0.291	14
ドイツ	0.505	26	0.294	15
スイス	0.386	1	0.296	16
ルクセンブルク	0.482	20	0.304	17
アイルランド	0.543	36	0.309	18

国名	当初所得（再分配前）	順位	可処分所得（再分配後）	順位
カナダ	0.438	9	0.310	19
エストニア	0.456	14	0.314	20
イタリア	0.517	33	0.328	21
オーストラリア	0.469	17	0.330	22
ポルトガル	0.530	34	0.331	23
ギリシャ	0.536	35	0.333	24
日本	0.504	25	0.339	25
スペイン	0.516	31	0.341	26
イスラエル	0.437	8	0.344	27
ラトビア	0.475	19	0.346	28
ニュージーランド	0.462	16	0.349	29
韓国	0.406	4	0.355	30
イギリス	0.506	28	0.357	31
リトアニア	0.515	30	0.378	32
アメリカ	0.505	26	0.390	33
トルコ	0.429	5	0.404	34
メキシコ	0.473	18	0.458	35
チリ	0.495	22	0.460	36
単純平均	0.472	-	0.317	-

※日本については、「国民生活基礎調査」により厚生労働省が算出。
※基本的に2016年の値であるが、カナダ、チリ、イスラエル、韓国、ノルウェー、スウェーデン、イギリスおよびアメリカは2017年の値。
アイスランド、日本、スイスおよびトルコは2015年の値。ニュージーランドは2014年の値。
（注１）「可処分所得」は、社会保障や税による再分配後の所得。ただし、現物給付は考慮されていない。
（注２）「等価所得」とは、世帯所得を世帯員数の平方根で割ったもの。
（出所）OECD. Stat（2020/1/14時点）

図表1－2　相対的貧困率　国際比較（2018年）

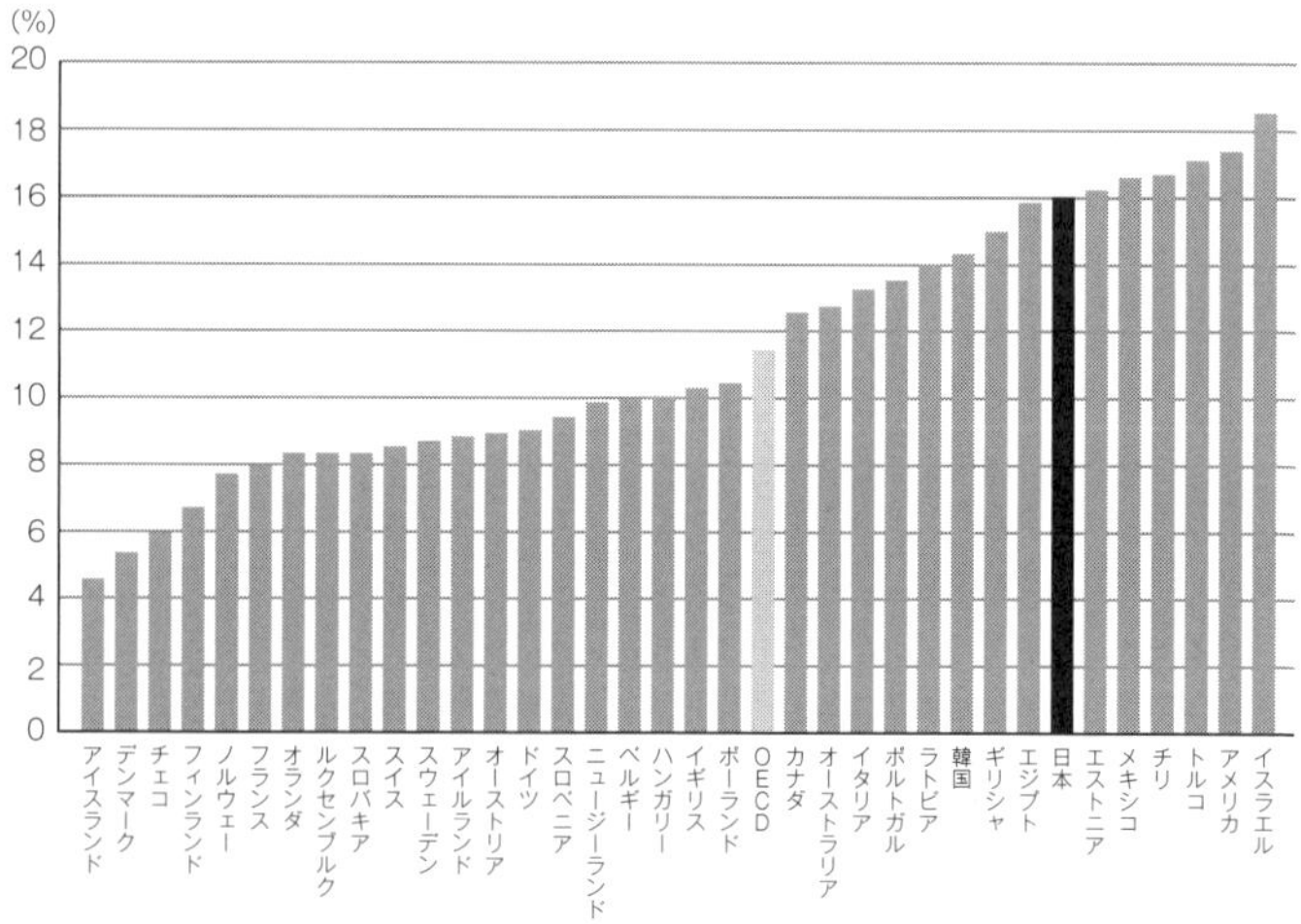

（出所）OECD Income Distribution（データベース）

次世代の若者に期待すること

前著でもお話ししましたが、社会保障の世界はマクロとミクロの風景の差が非常に大きい世界です。社会保障の全体像とか、社会保障とマクロ経済、社会保障と国家財政、といった話は直接自分の生活に関わってきませんし、病気になって医者にかかったり自分が実際に年金をもらう場面でその知識が役立つ、というものでもありません。役に立つのは「名医のいる病院100」とか「年金の上手なもらい方」とかいったハウツー本の方だったりするのが現実です。

人は結局、自分に直接関わりのある

ミクロの場面からしか物事を考えない。

「合理的無知」の話を思い出してください。人は自分に直接関わらないと思ったことには、脳のリソースを使わない。周りの人の言っていること、みんながそう言っていることをそのまま無批判に受け入れ、自分で考えることを放棄してしまいます。

例えば公的年金制度。少子高齢化が進んで高齢者が増えるから年金財政は大変になる、年金は潰れる、将来もらえなくなる、年金制度は根本的に作り直さなければダメ……。少し前までそういうことを喧伝する経済学者はたくさんいました。政治家にもいっぱいいて、国民の不安を煽り、年金を政争の具にして政権を倒そうとしました——そして実際政権交代が起きました。しかし政権をとった当時の野党（民主党）は、３年間の与党の間に、公約に掲げた「新しい年金制度」を設計することも提案することもできませんでした。それどころか、「現行年金制度は破綻しない。破綻すると言ったのは言い過ぎだった」と総理大臣や副総理が国会で答弁する羽目になりました。

でも、散々マスコミや政治家が「年金は潰れる」と言い続けましたから、今でもそう思っている人は少なくありません。皆さんの中にもきっとおられるかもしれません。

でもちょっと考えてください。今までに一度でも、年金の支払いが遅延したことがあったでしょうか。日本年金機構は、２カ月に一度、４０００万人以上の年金受給者の口座に確実に年金を支払い続けています。COVID-19で日本中が大騒ぎになっている中でも、年金は淡々と、間違いなく支払われ続けています。

年金は潰れませんし、日本が破綻しない限り破綻することもありません、このお話は第２部で詳しくいたします。

もちろん、日本の社会保障制度は色々な課題を抱えています。改革しないといけないこと、国民にとって厳しい選択を求めることもたくさんあります。しかし、物事を表面的な事象や個別の出来事から判断したり、結論先にありきのような主観的な議論、観念的な主義主張を声高に展開しても、問題の解決にはつながりません。

大事なことは、やはり社会経済全体の大きな枠組みと相互連関の中で考えるということ、先ほどの話で言えば、マクロの風景に思いを致す、ということではないでしょうか。

ネット社会は人々のつながりを大きく広げました。今や誰でもが世界に向かって自分の考えを発信し、世界とつながることができます。他方でネット空間は一種の無法地帯、匿名性に隠れて、フェイクニュースやヘイトスピーチ、誹謗中傷が氾濫している世界でもあります。

若い世代の方々は、生まれたときからインターネットがあり、スマホが標準装備でＳＮＳの世界でコミュニケートするのが当たり前の世代です。議論の場――フォーラム・アゴラ――はどこにでも、いくらでも作ることができるはずです。

現代社会は、残念ながら不寛容と反知性的風潮に溢れています。こういう時こそ、ミクロの世界に閉じこもるのではなく、社会経済全体の大きな構造変化を理知的・合理的・客観的に理解すること、異なった意見をぶつけ合い、真摯に議論して、様々なつながり——相互連関の中にある「共通の議論の枠組み」を見つけ出し、議論を活性化させることが大事です。

社会保障は、今の世代の問題であると同時に、未来の世代の問題でもあります。子どもたちへの支援は未来への投資であり、高齢者は未来の自分たちの姿です。

若い世代の方々こそ、皆さん自身の問題として社会保障や経済や政治の問題を考えてほしいと願います。

2 社会保障にできること・社会保障がなすべきこと

これも前著のおさらいになりますが、改めて、今の日本社会で社会保障ができること、なすべきことを整理しておきたいと思います。
「安心社会の基盤をつくる」「持続可能な社会をつくる」「持続可能な制度をつくる」そして「経済成長を支える」の４つです。

安心社会の基盤をつくる

・自立と連帯、競争から共生へ

まず、「安心社会の基盤をつくる」ことです。今日的な課題を踏まえてスローガンを掲げるとすれば、「自立と連帯」、「競争から共生へ」、そして「社会の公正―フェアネスの実現」「トーナメントからリーグ戦へ」という言い方もできるでしょう。

社会保障の基本は一人一人の「自立自助」とそれを支える「共助―自助の共同化」です。生活保護制度のような救貧（公助）の制度もありますが、基本は自助と、自助を支える共助です。自助を実現するには個々人の「自立」が不可欠です。しかし、人生には様々なリスクがあり、自分の力だけでは乗り越えることができないリスク、避けがたいリスクで人生が破綻してしまうことはいくらでもあります。重い病気を患ったり大怪我をしたり、年老いて働けなくなれば自助はままなりません。そこで、そのようなリスクを相互に支え合うことで分散する共助のシステムが設計されました。それが年金や医療保険などの社会保険です。

お互いに支え合う「共助」だから、年金にも医療保険にも保険料という「割り前」があります。保険料とは自分のためだけではなくみんなのためのもの、社会全体のリスク回避のための拠出です。だから社会保険料のことを英語で「contribution」と呼ぶのです。

・公正な社会の実現

社会保障が目指すのは、社会的公正の実現、つまりは格差や不公平、不公正を社会からなくしていくことです。所詮、この世は不公平だ、弱肉強食がこの世の常だと、多くの人が世を儚《はかな》み意欲をなくしてしまうと社会は発展しません。誰も努力しなくなると社会は停滞し、社会に不信感を抱く人が多くなれば法律やルールは軽視され治安も悪化します。

資本主義社会の活力の源は競争です。ですから競争の勝者には賞賛と利益が与えられて当然ですが、独り占めは社会全体を停滞させます。富が偏在し、社会の中で循環しなくなれば資本主義は維持できません。一度負けても何度でも再挑戦できる仕組みをつくっておかなければ、社会は発展していきません。

しかし社会主義国家のように、競争のない社会で平等に富を分配すればよいのかと言えば、そうではなかったことは歴史が証明しています。

競争を維持しつつ富の偏在を回避するためには、競争のルールが必要です。ルールのない状態で競争を繰り返すと、最後に勝ち残った人がすべてを手に入れ、競争のない社会になってしまいます。だから資本主義経済にも独占禁止法など「公正な競争を維持するためのルール」があります。考えてみれば資本主義の根幹を支える金融を担う銀行も免許制で、厳格なルールの下にあります。

今、日本の社会で拡大しつつある格差や貧困を解消するためになすべきことは、規制緩和ではなく規制改革、つまり新しいルールをつくることです。

そして、社会保障にできること、なすべきことは、社会の分裂を防ぎ、より多くの人々が社会統合の輪の中に留まっていられるようなルールをつくることです。

様々な困難を抱える人たちを社会から排除するのではなく、できる限り社会の枠組みの中に取り込み、参加を保障しそれを通じて自立支援していく。労働者であれば、正社員であろうが非正規社員であろうが等しく被用者保険を適用し、できる限り社会のシステムから落ちこぼれる人間をつくらない、誰もが社会の構成員として参加し続けることができるというルールをつくる。

その方が社会としても負荷が小さく、社会全体のリスクは小さくなります。働ける人がみんな働ける社会の方が活力があり、成長する。それは自明なことではないでしょうか。
大切なのは排除ではなく包摂、分裂ではなく統合です。

持続可能な社会をつくる

安心社会の基盤をつくっても、それが持続可能でなければ意味はありません。自分たちの世代にとってだけではなく、将来世代にとっても安心な社会をつくらなければいけません。少子高齢化・人口減少社会を乗り切ることができる、持続可能な社会をつくることです。

・人口減少を前提とした社会設計

社会保障に限らず、およそ資本主義社会のすべてのシステムは、経済が成長することを前提につくられています。人口は増える、経済は成長する、所得は増える、という前提の下に様々な社会経済システムが設計されているのです。

ですが、前述の通り、私たちの社会は人口減少期を迎えています。人口が減っていくことを前提にその社会を持続可能にするシステム、というのは、おそらくは、歴史上存在しません。

先例のない、モデルのない世界です。私たちがモデルをつくらなければならないのです。そしてこれは社会保障だけの課題ではありません。すべての社会経済システムにとっての課題です。

・少子化対応戦略と少子化克服戦略

求められるのは、少子化対応戦略と少子化克服戦略の同時進行です。

今年生まれた子どもが働き始めるのは20年か25年後です。ですから、向こう20年から25年間、新たに働き手になり得る生産年齢人口の動向はすでに決まっています。すでに生まれている0歳から20歳までの人々が順次「生産年齢」に達していくだけだからです。労働人口は生産年齢人口のうちの実際に働いている人の人口ですから、これからの20年から25年間は、どんな少子化対策を講じても事態は変わりません。つまり、今後20年から25年間、私たちは今の「すでに少子化してしまった社会」を前提に、それに対応していく戦略を考えなければならないということです。

私が「少子化対応戦略」と言っているのは、そういう意味です。

一方、少子化克服戦略は20年後以降の働き手を増やそうと試みる政策です。

20年後以降の社会に向けての「少子化克服戦略」と、これから20年間を乗り切る「少子化対応戦略」とは別の戦略です。前者はこれから20年間の与えられた条件下での改革で、後者は20年後以降の状況を変えるために今の状況をどう変えるかという改革です。

そして大事なことは、私たちは、この二つを同時に遂行しなければならない、ということです。この問題では、私たちは二兎を追う必要があるのです。

今後20年の「生産年齢」人口はすでに決まっている。その条件下で、できる限りの経済成長を遂げて日本社会と社会保障を維持するには、働き手＝労働人口を増やすことと、一人ひとりの付加価値生産性を上げる以外に方法はありません。

働き手を増やすには、外国人労働者を受け入れる方法もありますが、基本的には、女性や高齢者など、それまで働いていなかった人、働く能力と意欲があるのにその能力を生かし切れていなかった人たちに労働に参加してもらうこと以外にありません。特に有力なのが女性の社会参加です。

しかし、現状の薄い支援体制では、女性の社会参加と結婚・育児の両立は困難です。この状態で女性の社会参加を促せば結婚や育児は困難になり、子どもが生まれなくなってもう一つの少子化克服戦略は頓挫してしまいます。

今の私たちの社会は、女性に働くか結婚して子どもを産むかの二者択一を迫っているのです。このままでは、どちらの戦略も頓挫して、結局この社会はいつか立ち行かなくなります。

これは女性の問題ではありません。社会の問題です。男性であれば普通にできていることが女性にはできない。誤解を恐れずにあえて言えば、女性は犠牲者であり被害者とさえ言えます。問題があるのは男の側、より正確に言えば男性中心の社会、男性中心の企業、男性中心の家庭のあり方であり、女性を取り巻く様々な制度や慣習の問題です。

・家族支援政策

私の理解では、「少子化」対策というものの考え方、問題の立て方自体を変えないといけないように思います。考えなければならないのは「少子化」ではなく、私たちの生活の基盤となる家族・家庭を支援すること、つまり「家族支援」だと思っています。

社会に出て働く、という意味でも、子どもを育てる、という意味でも、私たちの生活の基盤にあるのは「家族─家庭」です。家族・家庭の姿は様々です。どんな形での家族・家庭でもその機能・役割を十全に発揮できるよう社会が支援する。それが必要なのです。問題設定自体を再考する必要があるように思います。

働くか働かないか、結婚するかしないか、子どもを産むか産まないかは究極の個人の選択の問題です。私が私の人生をどう生きていくのかという問題です。いくら政府がマクロの視点で女性の就労率を上げようとしても、女性一人ひとり、つまりミクロの世界で働くことが選択されない限り、マクロの就労率も上がりません。さらに言えば、女性一人ひとりが、自らの選択で働き、同時に結婚し子育てもする、という選択をしなければ、出生率が上がることもありません。

女性にそのような選択をしてもらうためには、「あなたの人生選択を保障します」「仕事も、家庭生活も、子育ても、あなたの人生を全力で支援します」という政治のメッセージが、ぜひ必要です。「少子化」対策ではなく、家族政策であり、家族・子ども政策でなければ、女性の就労率の上昇も、出生率の上昇も望めません。

「少子化対策」という言葉自体が、マクロの発想、上から目線の言葉に聞こえます。少子化対策は重要だ、だから子どもを産みましょうと言われて、女性たちはどんな気持ちがするでしょうか。

そもそも英語には「少子化対策」という表現はありませんし、世界中、どこに行ってもそんな表現は見当たりません。仕事と子育ての両立支援や保育所の充実、育児休業制度の拡充など、日本が少子化対策でやろうとしていることは、ファミリー・ポリシー（家族政策）とかファミリー・アンド・チルドレン・ポリシー（家族・子ども政策）と言うのです。

働くこと、結婚すること、子どもを持つこと、それらはみな人生の基本的な選択です。男性なら多くの人が当たり前に享受しているものです。社会の半数を占める女性の、自由であるべき人生の基本的な選択に制約があるのでは、活力ある社会など実現するわけがありません。

実現すべきは、女性が――より正確に言えば女性のみならず男性も、要するに望む人なら誰もが――働きながら家族を持ち、家庭を築き、子どもを産み育てることができる社会です。働きながら結婚し家庭を築く、子どもを持ち、子育てをする。本人の希望や選択を尊重してその両方が当たり前に実現できるようにする。

その実現のためには、家族が持つ子育て機能を社会的に支援し、働くこと＝自己実現・経済的自立と、家庭生活の持続的両立が可能な就労環境と社会環境の保障が不可欠です。

そういう社会が実現できてこそ、人口減少社会における社会経済の持続可能性を確保することができるのだと思います。

さらに言えば、これは社会保障だけの問題ではありませんし、行政（政府）の問題だけでもありません。もちろん、子育て支援や就労・起業は行政が全力で支援しなければなりませんが、行政だけではこの問題は解決しません。隣にいる男性――職場での同僚・家庭での配偶者――や企業の支援なしには成り立たない話です。女性の選択を、男性が支援する。企業が支援する。公の政策だけではなく、女性の選択を全力で支えるという社会的合意を形成しなければ、この問題は解決できません。

これは男性たちにとっての「身を切る改革」「自己変革を求められる改革」でもあるのです。

システムの自己改革――持続可能な制度設計

社会保障が「できること・なすべきこと」の三つ目は、社会保障が自らを変革・改革することです。社会が変わったのだから社会保障も変わらないと持続できないということです。もちろん、社会の構造が変化しても、民生の安定や社会の発展を支える社会保障の基本的な機能・役割は変わりません。しかし、当然、やり方は変わらないといけません。変わらないためには変わらなければならないのです。

前述の通り、社会保障は曲がり角に差し掛かっています。ただでさえ厳しい状況の中で、家族・地域社会の機能の低下や格差と貧困の拡大で、社会保障の守備範囲は広がっています。同じことを続けていたら、経済にとっての負荷は、社会が耐えられないほど大きくなる危険性があります。そうした社会状況に鑑み、持続可能な新たな社会保障制度を構築しなければなりません。

・財政的持続可能性と機能的持続可能性

まず、求められるのは財政的な持続可能性です。中長期的な経済成長との整合性を確保して、経済成長が低ければ低いなりの制度にしなければなりません。また、個人や企業の負担、国家や地方自治体の財政を考慮しつつ、個人の生活や企業活動、国家・地域財政を損なわない社会保障制度でなければ持続はできません。

一方で、社会保障の機能は維持しなければなりません。基本的な機能を維持できなければ、もはや社会保障ではありません。民生の安定と社会の発展を支える本来の機能を維持するには、小さければ小さいほどよいということにはなりません。個人にも企業にも、それなりの負担を求めて維持しなければなりません。社会保障が機能不全に陥れば、民生の安定が脅かされ、社会の不安、不確実性が増大し、経済社会の持続可能性を損なうからです。

・選択と集中

しかし、財政的な持続可能性を考えれば、あれもこれもというわけにはいきません。ならば、優先順位を考え、優先的財政配分を行う他ありません。選択と集中です。制度ごとに受益者が異なる社会保障の内部で軽重をつけることですから非常に難しい問題ですが、やらざるを得ません。

日本社会の課題は、経済の停滞、少子高齢化、人口減少、構造的デフレーション、格差と貧困などそれこそ数え切れないほどですが、総合的に判断すると、最優先課題は現役期への支援の強化です。現行の社会保障制度の給付は歴史的な発展経過や経緯もあって高齢期により手厚くなっています。しかし、構造改革による雇用の流動化が格差と貧困を生み、それが社会を分裂させ活力を奪っている状況や、子育て支援の不足が女性の就労や出産・子育ての壁となり、女性の就労率と出生率回復の足かせとなっている現状を考えると、現役期にある人たち、社会を支えている人たちへの支援・保障を強化していくことが、様々な課題の解決につながる重要なポイントだと思います。

さらに、経済成長との関連で考えると、医療や福祉、介護など、経済活動のメカニズムの中で提供されているサービス、現金による給付よりもサービスの給付、つまり現物給付の充実に財源を重点配分する必要があります。これらのサービスは継続的に需要が拡大していく産業分野であり、雇用を生み成長に貢献するからです。

・簡素で効率的な制度

簡素で効率的であることも持続可能な制度には重要です。社会保障は、良く言えばどんどんきめ細かく、悪く言えば複雑で分かりにくくなっていく傾向があります。個別に丁寧に対応しようとすれば、制度は複雑かつ精緻になっていきます。丁寧な対応は悪いことではありませんが、複雑になり過ぎると運営が難しくなり機能不全に陥る危険性が高まります。また、制度が細分化されていくと必ず機能の重複が起こります。同じようなことを別々の部門がそれぞれに行うということが起きるのです。

例えば、低所得者対策です。年金や医療保険では、低所得者には保険料負担の免除や減額の制度があります。これは社会保険制度で行う低所得者対策です。一方、住民税非課税の世帯への現金給付などの福祉政策や公営住宅の優先入居のような社会保障制度以外の分野の施策もあります。あっちでもこっちでも似たようなことをやる、ということになると、やり過ぎではないかという批判も出てきますし、重なり合った制度同士を調整しなければならなくなり、制度はさらに分かりにくく面倒になります。

結果、トータルでどの人にどれだけ給付されているのか、必要かつ十分なのか、やり過ぎなのか、全体像が見えてこないという事態に陥ってしまいます。

複雑な制度は、給付を受ける立場の人たちの不公平感や不信感を招きます。複雑で全体像が見えにくいと、どうしてそうなっているのか分からないし、自分は損しているのではないかという疑心暗鬼が生まれます。あの人はベンツに乗って保育所に迎えに来ている、私より収入があるはずなのに、私の子どもは入れてもらえなかったのに、なぜだ……。複雑すぎて分かりにくい。それが不公平感を増幅させ、制度への不信感を招きます。

今後、社会保障費の負担増は避けて通れません。公平性・公平感を担保しない限り、納税者は負担増に納得しません。公平性を担保し信頼を得るには、負担も給付もできるだけ見えやすく分かりやすい簡素な仕組みに再構築する必要があります。制度が乱立し、誰がどれだけ負担し、どれだけ給付を受けているか、社会保障に精通している人でなければ分からないような制度では、信頼を得ることは困難です。

・規制改革でサービス給付の効率を高める

医療、福祉、介護などの部門では効率化が求められます。医療や介護は現金給付ではなくサービス給付です。公的な制度で保障していますがサービスそのものは市場で調達（提供）しています。厳しい財政の中で提供するのですから、無駄のない効率的なサービスが求められる。それは当然のことです。

効率を高めるためには、規制緩和や競争政策は有効です。競争がなければ効率は生まれませんし、それには規制改革が必要です。例えば、社会福祉事業はすべて社会福祉法人でなければできない、ということはありません。ＮＰＯや農協、生協などの非営利団体であっても、場合によっては営利企業でも、適切なサービスが安定的に提供できるのであれば構わないはずです。営利だからダメ、と頭ごなしに決めつけるのは不合理です。

しかし一方で、市場主義的なサービスに傾き過ぎると、裕福な人しかサービスを受けられないといった事態が生じかねません。事業者にだって客を選ぶ権利がある。採算を度外視してまでビジネスにならない人を相手にする義理はないし、事業が成り立たないなら撤退する自由だってある。そうなると「必要な人に等しく必要なサービスを安定的に保障する」ことができなくなり、公的制度とは言えなくなる危険性があります。

そのため、市場的手法でのサービスの提供と、公的責任による計画行政を組み合わせるといった工夫を考える必要があります。

最後に、当然のことですが、制度の運用も効率化しなければなりません。膨大かつ複雑で個別性の高いシステムの運用を効率化し、事務コストの削減を図ることが大切です。そのためにはシステムのＩＴ化をさらに深化させることが有効です。ＩＣＴ（情報通信技術）は極めて汎用性の高い技術ですから、積極的に導入して活用すべきです。ＩＣＴの導入により、個人単位のデータ管理がきちんとできれば、サービスの重複という問題も解決できるし、制度を越えた負担上限の設定やワンストップサービスなど、利用者にとってもメリットのある改善ができます。さらに、データヘルスなどビッグデータを活用した新たな健康づくりなど、新たなサービス、新たなビジネスの可能性も広がります。

経済成長を支える――マクロ経済の中での役割

GDP（国内総生産）の2割を占めるに至った社会保障は、経済成長に貢献できる新たな成長分野です。社会保障に対する視点を変え、成長に寄与し得る分野への投資を拡大し、積極的に経済成長に貢献する社会保障を目指していくことが必要です。

・雇用の創出

特に医療、介護、子育て支援などのサービス給付は、まさにサービスですから、それ自体が付加価値を生み、雇用も生み出します。

少子高齢社会の日本には、医療、介護の大きなニーズがあります。女性の就労と子育て環境の整備のために、保育サービスのニーズもあります。ニーズに見合ったサービスを提供することはビジネスの基本です。そこに成長の種があります。医療、介護のニーズは大都市だけにではなく、地方にも同じようにあるため、地方の雇用を創出します。また、子育て支援は安定的で継続的な雇用を創出し、現役世代の所得が増加することで内需を支える消費が生まれ、かつ、人口減少に歯止めをかけることもできます。

同じ子育て支援でも、子ども手当のように現金を給付するよりも、保育所をたくさんつくって、女性の就労環境を整備する方がはるかに大きな経済効果が生まれます。現金給付であれば、子ども手当よりも、育児休業給付の方が有効です。育児休業は雇用を守るからです。

・地域経済の活性化

年金などの現金給付には地域経済を活性化させる効果があります。もともと所得の再分配には、低所得者に所得を移転させることで消費を下支えする効果があるのです。少子高齢化が進み、地域経済が疲弊している日本では、年金給付は高齢化が進んでいる地域により多くの現金を配ることを通じて地域の消費を支えています。つまり、年金制度は地域間の所得移転でもあり、地域経済に及ぼす影響は少なくないということです。

医療や介護サービスの充実も地域経済の活性化に直結します。サービス産業と製造業の大きな違いの一つは、サービス産業ではサービスの生産と消費が同じ場所で行われることです。製造業であれば、生産地と消費地は離れていても問題ありません。中国でつくって日本で売ることができます。しかし、サービス産業にはそれができません。サービスはモノではなく行為であるため、消費者のいる場所でなければ生産できないからです。

人が生活しているところなら、どこにでも医療や介護のニーズがあります。各地域に資金を提供し医療や介護のインフラを整備すれば、患者や高齢者には恩恵となり、地域経済の活性化にも貢献します。

また、地域の医療、介護サービスの充実は、人口流出に歯止めをかけます。医療過疎地を少なくし、介護を充実することで、地域の安心基盤がつくられ、高齢者が定住し続ける地域が広がります。

・安心創出による消費効果

日本の高齢者の貯蓄水準は国際的に見て過剰です。老後への不安が大きいからです。高齢者の経済活動を貯蓄から消費へと誘導するためには、社会の安心基盤を構築し、将来の不安を少なくして安心して暮らせる社会をつくることが王道です。つまり、安心基盤を構築することが、有効需要の創出につながります。北欧社会では、高齢者の貯蓄は多くありません。医療や介護のサービスが充実していて、もしもの時のための貯蓄が必要ないからです。

・高付加価値サービスの創出

社会保障のサービス給付部門である医療・介護の市場規模を見ると、有力な成長産業であることは明白です。日本の主要産業の市場規模は２０１３年時点で、情報通信産業の80兆円がトップです。自動車52兆円、建設が50兆円で後を追い、その次が医療産業の約40兆円、不動産

図表１－３　日本の主要産業の市場規模の比較（2013 年）

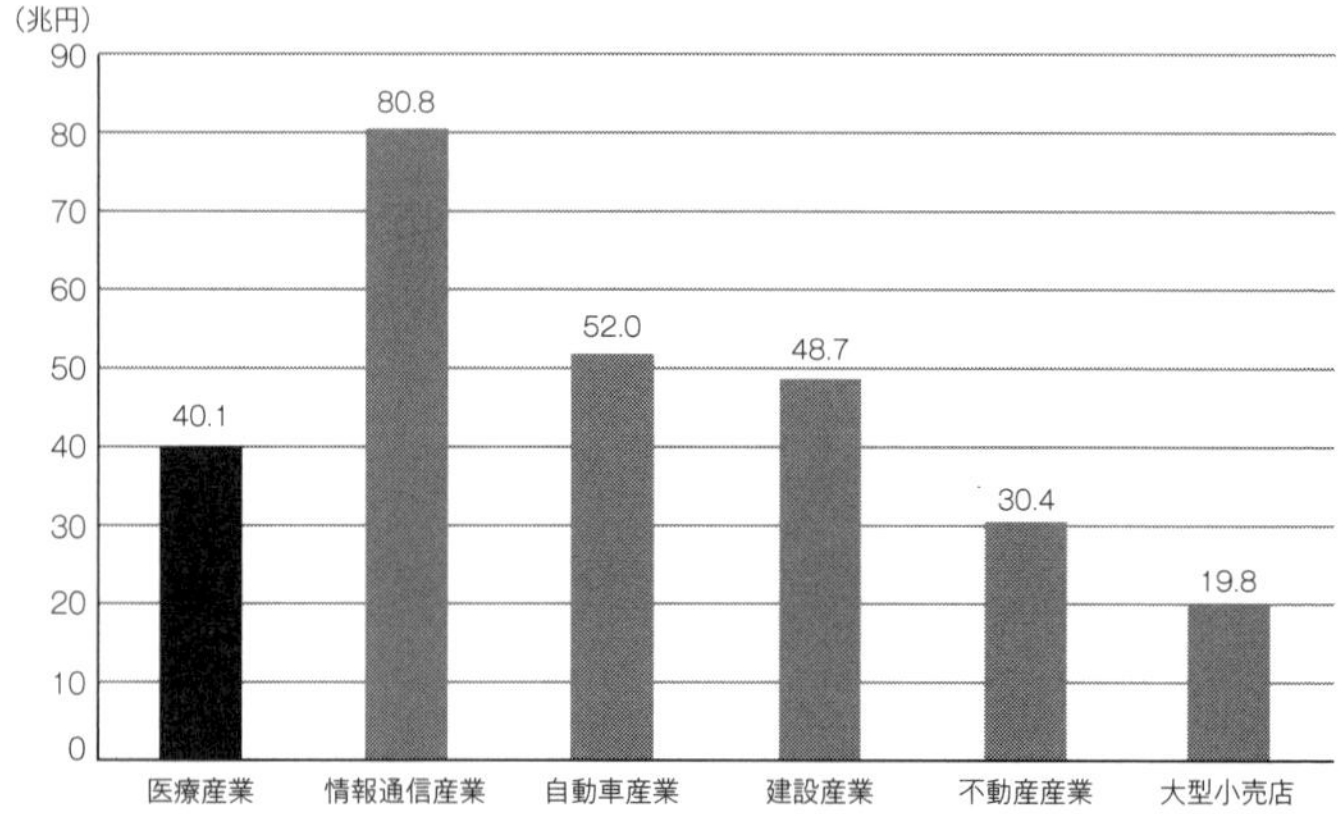

（注１）医療産業は国民医療費。情報通信産業は情報通信関連製造業の出荷額及び情報通信業（放送業、新聞業、出版業、広告業等を含む。）の売上高の合計。自動車産業は自動車関連製造業の出荷額。建設産業は民間部門及び公共部門の出来高の合計。不動産産業は不動産取引業及び不動産賃貸業の売上高の合計。大型小売店は百貨店及びスーパーの販売額の合計。

（注２）国民医療費及び情報通信業の売上高は平成 25 年度実績。その他は平成 25 年（暦年）実績。

（出所）「平成 25 年度 国民医療費の概況」、工業統計（平成 25 年）、「平成 26 年情報通信業基本調査」、建設総合統計（平成 25 年）、サービス産業動向調査拡大調査（平成 25 年）、商業販売統計（平成 25 年）

業30兆円、大型小売店20兆円と続きます。医療産業に介護の10兆円を加えると、医療介護産業は自動車や建設産業を凌駕する市場規模なのです。

　さらに、医療・介護は、ハード（インフラ・テクノロジー）とソフト（高度専門人材による運用システム）が一体化したパッケージサービスでもあります。医薬品産業は元々高付加価値産業ですし、先端医療技術やデータヘルス計画などを通じたイノベーションを進めて付加価値を高め、地域医療と介護基盤の強化が達成できれば、２０２５年には医療・介護の市場規模は90兆円になるという推計もあり、最も成長が見込まれる産業分野の一つでもあるのです。

日本は世界で最も高齢化の進んだ社会ですから、高齢者の医療・介護分野で効率的で効果的なシステムを構築できれば、それを武器に海外（特にアジア諸国）に進出していくこともできるでしょう。

産業という視点で見ても、社会保障は大きな可能性を秘めた成長産業分野です。社会保障費の負担が経済成長を妨げているといった「成長の阻害要因論」から、もういい加減卒業しなければなりません。

第2部

到達点から考える

——ポスト社会保障・税一体改革の課題

第2章
社会保障・税一体改革の総括

1 歴史的意義

財政悪化と政治主導による改革

１９６１年に皆保険・皆年金を達成し、基本骨格が形づくられた日本の社会保障制度ですが、その後も時代の変化に合わせて様々な改革が行われてきました。

日本の財政は、バブル崩壊後急速に悪化していきます。

図表２－１　一般会計における歳出・歳入の状況

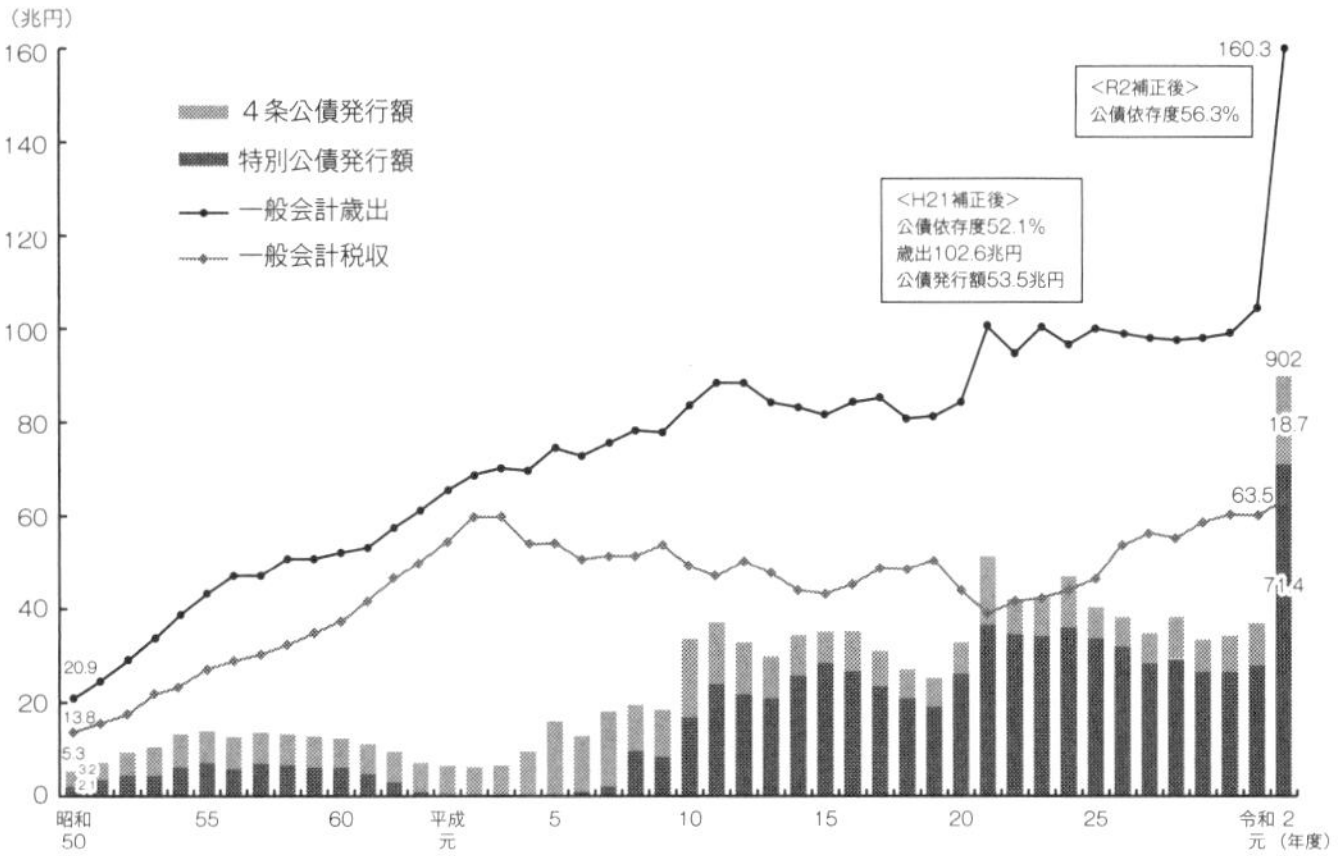

（注１）平成30年度までは決算、令和元年度は補正後予算、令和２年度は第２次補正予算案による。

（注２）公債発行額は、平成２年度は湾岸地域における平和回復活動を支援する財源を調達するための臨時特別公債、平成６～８年度は消費税率３％から５％への引き上げに先行して行った減税による租税収入の減少を補うための減税特例公債、平成23年度は東日本大震災からの復興のために実施する施策の財源を調達するための復興債、平成24年度及び25年度は基礎年金国庫負担２分の１を実現する財源を調達するための年金特例公債を除いている。

（注３）令和元年度及び令和２年度の計数は、臨時・特別の措置に係る計数を含んだもの。

（出所）財務省公表資料

景気の低迷により税収は大きく落ち込みますが、他方で歴代政府は景気対策のため減税と財政支出（政府支出の拡大による経済対策）を行いました。この結果、歳入歳出ギャップは拡大し、1994年には長らく行われてこなかった赤字国債（特例国債）が発行されるようになり、その後は赤字国債発行で財政収支を合わ

図表２－２　国・地方の長期債務残高

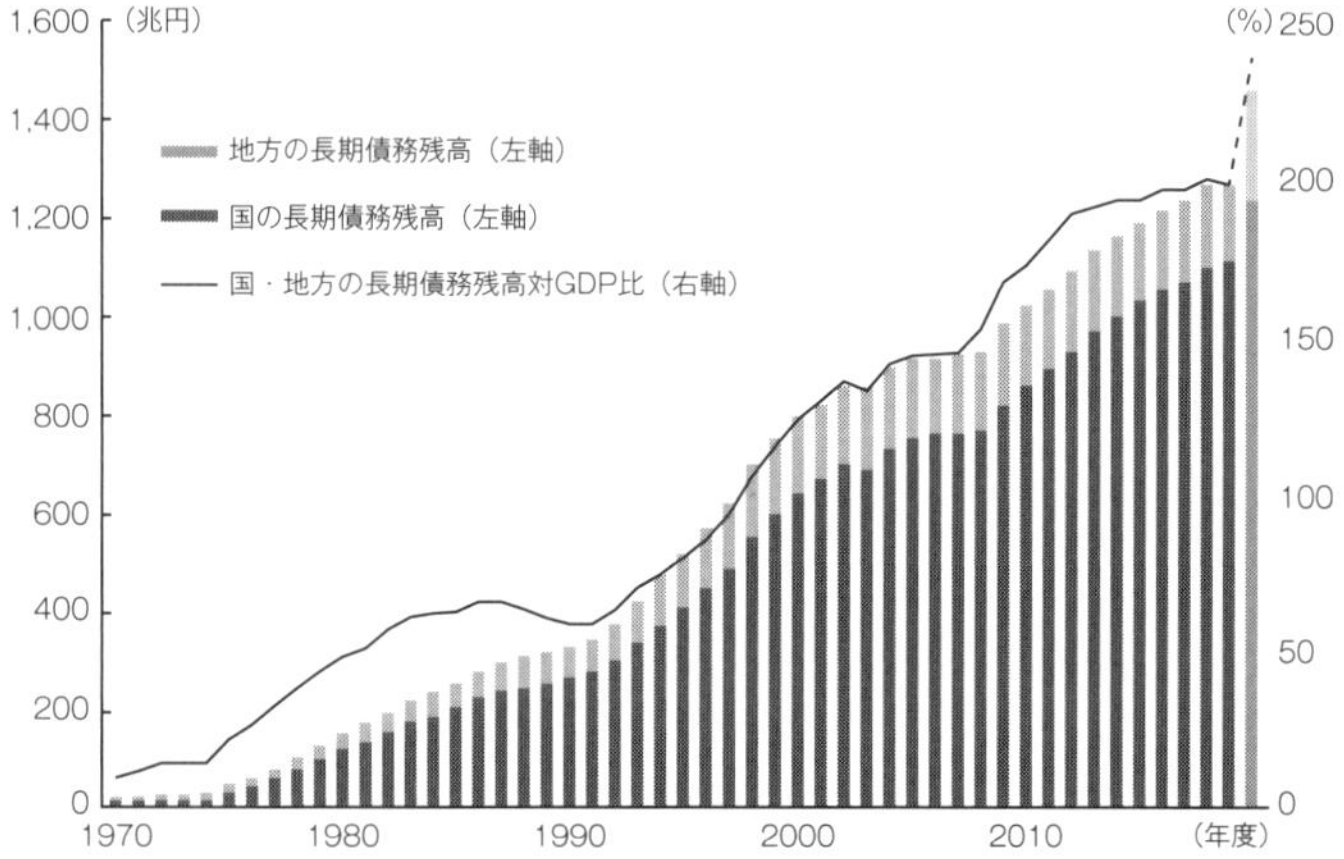

（出所）財務省・総務省公表資料より作成

せる「借金財政」が常態化して、国債発行残高は文字通り雪だるま式に増大していきました（図表２－１、図表２－２）。

危機感を持った財政当局は厳しい緊縮財政政策――歳出抑制策――をとりました。中でも最大の歳出項目である社会保障に対する歳出圧縮圧力は、年を追うごとに大きくなっていきました。

１９９０年代は「政治改革の時代」でした。93年に戦後（終戦直後のごく一時期を除いて）ほぼ一貫して続いていた自民党政権が倒れ、連立8党による連立政権が誕生します。選挙制度改革で小選挙区比例代表並立制が導入され、日本でも2大政党による政権交代の時代が来るかと期待されましたが、その後は目まぐる

図表2－3　公共事業予算の推移

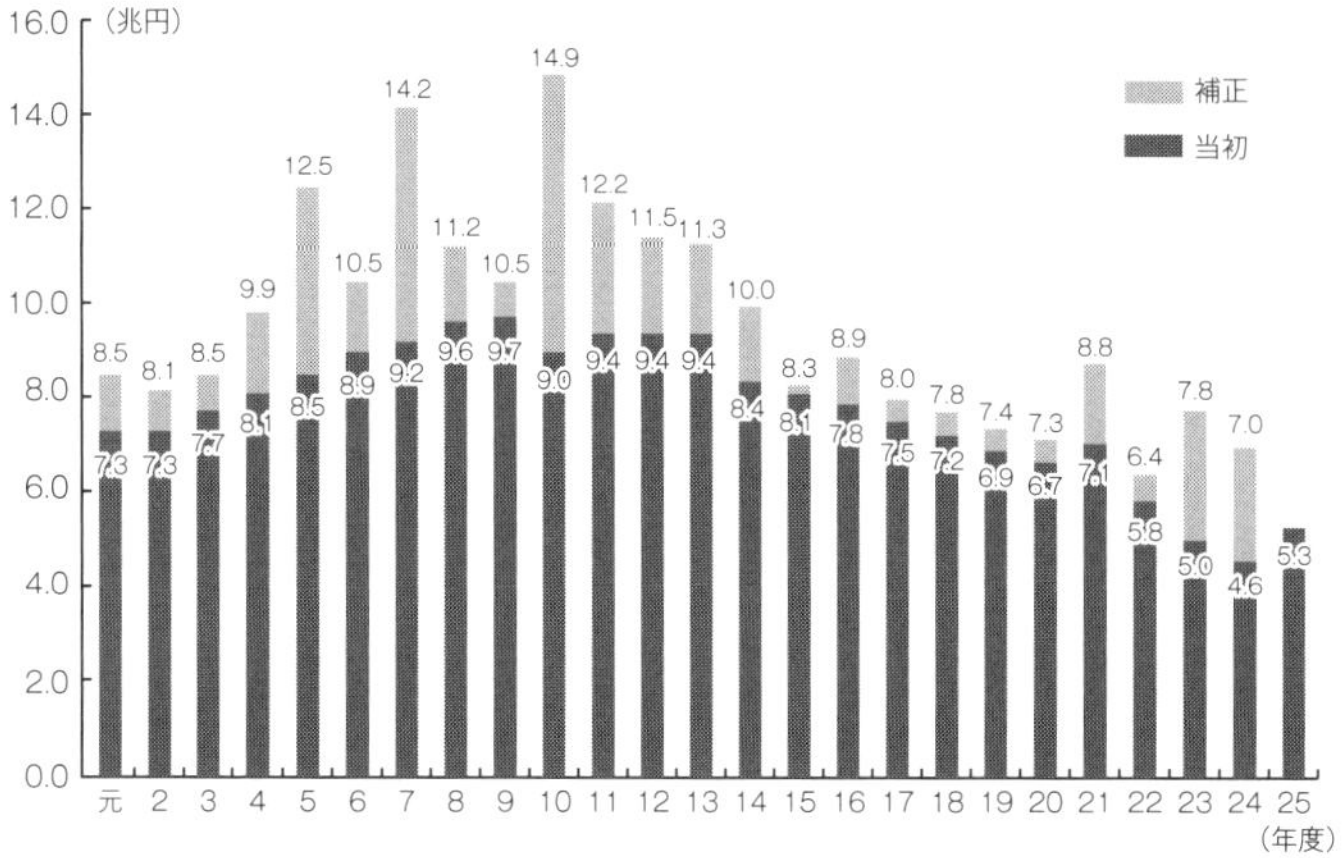

（注）NTT-A を除く。
（出所）財務省公表資料

しい政権の枠組みの変化、多くの新党の誕生・合従連衡と消滅が続き、自社さ連立政権による自民党の政権復帰、公明党の与党参加など紆余曲折を経て、現在の自公連立政権につながっていきます。

また、「政治主導」のもと、行政府の枠組みについても大きな改革が行われ、副大臣・政務官・総理補佐官の創設、中央省庁の1府12省への再編などによって、内閣機能が強化され、官邸——総理の権限も強化されました。

21世紀に入り、郵政民営化をはじめ自民党の支持基盤にまで踏み込んだ改革を唱え、「自民党をぶっ壊す」と言って総裁選を勝ち抜いた小泉政権が誕生し、強化された官邸機能を生かした「小泉改革」と呼ばれた大胆な規制改革・行財政改革が進められました。

小泉政権は、文字通り「聖域なき歳出改革」を進めました。道路公団改革をはじめとした特殊法人改革、特別会計の見直し、地方交付税改革（三位一体改革）、かつて「土建国家」と批判されていた公共事業についても大なたをふるい、公共事業予算を過去のピーク時の半分にまで削減しました（図表２－３）。過去２度にわたって大臣を務めた社会保障分野についても、過去最大の診療報酬マイナス改定を行うなど、様々な厳しい改革を進めました。

社会保障と税の一体改革

20世紀の終わりから21世紀にかけてのこの時代、社会保障の分野の最大の課題は、来るべき――というか、すでに到来していたわけですが――高齢社会への対応、ということでした。

この間、基礎年金制度の導入、介護保険制度の創設、医療保険における患者負担の見直し、後期高齢者医療制度の導入など、急速に進んでいく高齢化に対応し、社会保障制度の持続可能性を確保するための様々な見直しが行われました。

もちろん、低迷する経済、国家財政の悪化は、言ってみれば社会保障制度にとっては「与件」です。付加価値の分配である社会保障制度が、経済成長の規模を上回って増大し続けることはできませんから、一連の改革は、社会経済の大きな変化の中で社会保障制度の持続可能性を確保していく、という意味での改革でもありました。

しかしながら、高齢化が進行すれば――財政の世界に「自然増」という言葉がありますが――給付改善をしなくても一定のペースで給付総額は増大していきます。加えて、社会が不安定化していくことで、ワーキングプア、鬱、引きこもり、社会的孤立、虐待、自殺といったような従来の政策手法では対応できないような新たな問題が顕在化し、社会保障はこういった問題への対応も迫られるようになっていきます。

長期にわたって続いた社会保障の抑制路線、適正化対策は、社会保障の財政的な意味での持続可能性を高めましたが、社会保障が果たすべき機能である社会の安定化や国民の安心の保障という観点では様々な問題が生じました。セーフティネットに綻びが生じ、医療現場の疲弊や非正規労働者の問題がマスコミ等でも大きく取り上げられるようになり、「社会保障制度の綻び、機能不全」が目に付くようになりました。

しかしながら、財政当局の目から見ると、あれだけ厳しい歳出抑制を行いながら、社会保障給付は伸びを抑制することはできても給付の増大そのものを止めることができません。歳出に占める社会保障費の割合は増加する一方で、他の歳出分野がすべて前年度比マイナスになる中で社会保障費だけが増大を続ける、という状況が何年も続いていました。

さらに、累次にわたって繰り返された「経済対策」は残念ながらほとんど奏功しませんでした。結果的には景気は回復せず、税収も伸びませんでしたから、減税による歳入減少と国債増発で財政赤字をさらに拡大させただけに終わりました。

小泉政権の後を継いだ歴代自民党政権のもとで、政府も財政当局も、歳出削減だけで日本の財政赤字を縮小していくことは難しい、歳入面での改革、すなわち税制改革を同時に行わなければならない、という判断に立ち至ります。他方社会保障サイドも、これ以上の給付抑制は社会保障の本来機能を損ない、かえって社会不安を拡大し、国民生活の安定を損なって経済の足を引っ張る、と考え、安定的な財源確保措置を講じて社会保障の本来機能の維持・強化をすべきである、と主張するようになります。

さらには、従来型の経済対策、すなわち政府の公共支出拡大主導の経済対策についても、同じ公共分野でも社会保障など民生分野の歳出で需要サイドから経済を喚起する政策、技術革新支援など民間主導の新しい事業分野への支援を中心とした新しい形での経済対策を提唱する考えも広まっていきました。

社会保障と税の一体改革は、こういった流れの中で生まれた改革です。

社会保障の充実・安定化、そのための安定財源確保と財政健全化の同時達成を目指し、そのために消費税増税をはじめとする税制改革を行い、消費税を社会保障目的税にし、新たに子育て支援分野を消費税の使途先に加えて社会保障4分野を対象経費にしました。そして、消費税増税で確保した財源のある部分は社会保障の充実・強化、機能強化に使い、ある部分は、財政健全化のため、つまりは財政赤字の解消に使うこととしました。

それは、日本の未来に必須の財政再建と経済成長、そして社会保障の機能強化の三つを同時に達成しようとする難題への一つの回答、ということです。

何度もお話ししていますが、日本の社会保障制度は、全体の30%強、約40兆円を公費負担で賄っています。今の日本の財政規模とその中に占める社会保障の大きさから考えれば、毎年度出ている財政赤字のほぼ半分は社会保障から出ている。この40兆円の公費負担のほぼ半分は赤字公債、つまりは後代負担で賄っている、ということになります。

私たちは、今享受している医療や介護や年金の費用のかなりの部分を、子どもの世代に先送りする借金で賄っているということなのです。

今回の一体改革で行った消費税増税は、社会保障の安定財源を確保する、ということと同時に、社会保障の目から見ても、後代に先送りしている負担を少しでも減らすという「財政健全化」を意味しているのです。

超党派の合意で実現した一体改革

平成26年版厚生労働白書は、社会保障・税一体改革についてこうまとめています。

「社会保障と税の一体改革は、二度の政権交代を経て、長年にわたって我が国の最重要懸案の一つとして議論が重ねられてきたテーマである。」

社会保障・税一体改革は、自公政権の下で２００８（平成20）年に設置された「社会保障国民会議」での議論を皮切りに、２００９（平成21）年に設置された「安心社会実現会議」に議論は継承され、２００９年税制改正法附則第１０４条には、消費税の全額が「制度として確立された年金、医療及び介護の社会保障給付並びに少子化に対処するための施策に要する費用」に充てられることを含め税制の抜本的な改革を行うための法制上の措置を２０１１（平成23）年度までに講ずることが明記された。

こうした規定等を踏まえ、民主党政権の下でも議論が続けられ、２０１２（平成24）年２月には「社会保障・税一体改革大綱」が閣議決定されるに至った。２０１２年常会では、この大綱に定める改革の実現に向け、衆参両院にそれぞれ設置された特別委員会において集中的な審議が行われ、消費税率の引き上げ等を定めた税制抜本改革法、社会保障制度改革国民会議の設置等を定めた社会保障制度改革推進法、子ども・子育て支援関連の３法案、年金関連の２法案等が可決・成立した。
その後、社会保障制度改革推進法に基づき設置された社会保障制度改革国民会議において、２０１２年11月から２０１３（平成25）年８月にかけて合計20回に及ぶ議論が行われ、報告書（「確かな社会保障を将来世代に伝えるための道筋」）が取りまとめられた。

いつの時代も、社会保障は常に国民の最大関心事の一つです。厚生労働白書にもあるように、社会保障・税一体改革は政権交代を越えてずっと政権の主要テーマであり続けました。

社会保障と税の一体改革は、民主党への政権交代前の自公政権（福田・麻生内閣）で着手し、民主党政権（野田内閣）に引き継がれ、当時野党だった自民党・公明党との超党派（民自公三党）の合意が成立し、合意に基づいて自民党政権（安倍内閣）を含めた超党派の民自公三党で合意し、安倍内閣で実行に移した改革です。２回の政権交代を挟んで、約10年の歳月をかけて達成した改革、ということになります。

理由は何であれ、消費税率引き上げという国民に負担増を求める改革です。通常であれば野党は反対しますし、歴史を紐解いてみても正面から増税を掲げて総選挙に勝った政権はまずありません。誰が政権を担当してもやらなければならない課題、政争の具にしてはならない課題だという共通理解ができたからこそ成立した与野党合意だったと思います。

ですから、超党派での政治合意形成による改革という意味でも、税制改革と社会保障改革を包括的・一体的に行った改革という意味でも、一つのモデルケースとなった改革でした。また、余談ですが、霞が関的、つまり官僚の世界では、財務省と厚生労働省という、毎年の予算編成で大バトルを繰り広げる両省の「戦略的協力関係」の成功例でもあるとも言えます。

詳細は次節に譲りますが、この改革は全世代型社会保障への転換など多くの「新たな政策の枠組み」を提起し、財政再建と社会保障改革の一体的実施に道筋を付けました。

社会保障制度改革国民会議報告を踏まえて２０１３年12月に成立・施行された社会保障改革プログラム法に基づいて、２０１４年以降社会保障４分野（年金、医療、介護、少子化対策）の改革が順次進められていますが、他方で、消費税が５％から８％に引き上げられた後、10％への引き上げが二度にわたり延期されたり、増収分の使途が変更されたりするなど、スケジュール遅延や使途変更による影響は少なくありません。

結果、ポスト一体改革の絵姿が描けないまま今日を迎えています。

2　社会保障と税の一体改革の流れ

自公政権から民主党政権、そして自公政権へ

社会保障と税の一体改革について、着手から関連法案成立までの流れを簡単に振り返っておくことにします。

2008年春、自公連立の福田内閣が「社会保障国民会議」を設置しました。このとき、私は厚生労働省から内閣官房に出向し、国民会議事務局の仕事に携わることになりました。同年秋に福田首相は退陣し麻生内閣が誕生しますが、改革は引き継がれ、麻生内閣はその年のうちに「社会保障国民会議報告」と「持続可能な社会保障構築とその安定財源確保に向けた中期プログラム（中期プログラム）」を作成し、改革の方向性と骨組みが決まりました。

しかし、ここで政権交代が起こります。民主党政権の誕生です。改革は頓挫すると思われま

したが、歴代民主党内閣はこの改革を引き継ぎました。私も政権交代後も内閣官房に留まりました。

一体改革は民主党三人目の総理だった野田内閣の下で具体化し、消費税法改正法案、子ども・子育て新制度関連３法案、年金改革法案など関連８法案からなる「社会保障・税一体改革関連法案」が国会に提出され、衆議院１２９時間、参議院86時間の計２１０時間超という、新日米安保条約審議に次ぐ戦後２番目の長さとなる膨大な時間をかけて審議され、最終的に、当時の民主、自民、公明の与野党３党の超党派の合意によって成立しました。

社会保障改革のテーマを私なりに理解すると、大きく三つあったように思っています。

・社会保障と経済成長の両立

一つは、人口制約、経済制約、財政制約の下で、社会保障と経済成長との関係をWin-Winの関係にできるような社会保障制度をつくることです。

人口減少と急速な少子高齢化が進む我が国においては、分配の原資となる経済が生み出す付加価値の規模が縮小し、分配自体が立ち行かなくなる危険性が常にあります。成長と分配を切り離して考えていくことはもはやできません。成長という視点も踏まえて今後の社会保障の展開を考えていくことが必要であり、制度に依存する人を再生産するのではなく、「制度を使いこなして自立していく」という方向に人々の意識を変革し、一人ひとりの能力を引き出し、自立を促進するような制度にしていく。積極的に成長を支えていくような社会保障制度を考えていかなければなりません。

成長との関係で今後の社会保障を考えるならば、我が国経済社会の支え手となる現役世代やその子どもの現在や将来の生活の安定、あらゆる立場の人々の労働参加や生産性向上の促進といった観点こそ重要になっていきます。経済社会の支え手となる現役世代のキャリア形成支援、将来世代である子どもの教育などの人的投資という観点から社会保障制度を考える。現役世代の将来や老親の扶養などへの負担や不安を軽減し、将来の見通しを明るくすること。所得保障を考える場合も、就労を通じて得られる所得（賃金など）の増加を支援する方が、社会全体にとっても労働供給の増大や生産性向上などを通じて直接的に経済成長につながります。

子育て支援の強化は、子育て不安を取り除くだけでなく、女性の労働参加、自己実現を支えるものですから、経済成長に貢献します。積極的に成長を支えていくような社会保障制度、という意味でも、子育て支援の強化は最優先の課題でした。

・社会不安の解消

二つ目は、様々な社会不安をできるだけ解消していくことです。

高齢化、少子化、一人世帯の増加など社会の変化に伴う新しいニーズや新しいリスクに適切に対応できる制度に改革して、本来の機能である民生の安定に役割を果たしていけるような社会保障にすることです。その実現のためには、それぞれの制度が抱える制度疲労を解消して、機能強化すべきは強化し、一方で、効率化できるところは効率化すること、つまり「選択と集中」が必要です。特に医療と介護については、効率化できるものは徹底的に効率化した上で、機能強化すべきところに資源を集中し重点化する、めりはりを利かせた制度への改革が必須と考えていました。

社会保障の機能強化と言うとき、最優先の課題は、一つ目のテーマの中でも述べたように、現役世代、特に子ども・子育て、つまり家族支援のために財源を確保し、支援を強化することでした。子育て支援には医療や介護のようにかっちりした制度があるわけではありません。子育て支援サービスの大半はいわゆる福祉のサービスなので、医療や年金のような「権利としてのサービス」にはなっていません。保育もそうです。保育を必要とするすべての保護者が権利として保育サービスを受けることができる「皆保育」制度があるわけではありません。現実にはかなり多くの人が子育ての支援を必要としていますから、そのニーズに応える制度が必要です。共働き世帯でも、一人親世帯でも、全ての世帯で安心して子育てできる制度的な環境をつくることが、機能強化の最大の課題の一つだったのです。

・安定財源の確保

最後のテーマは安定財源の確保です。社会保障の機能を強化するには、一定の安定財源が必要です。負担なくしてサービスはあり得ません。何よりも将来世代に大きな負担を強いながら現行の社会保障制度を運営するということは、もはや許されません。社会保障に必要な安定財源を確保し、財政赤字を少しでも減らすために、社会保障改革と税制改革を一体的に行うことです。

このように、改革の基本コンセプトは、まさに財政と社会保障を一体的に改革するということであり、経済と財政と社会保障を三位一体で改革することでした。

3 「ポスト一体改革」の基本的視点
——日本全体が抱える課題を解決する

日本が直面する課題

10年がかりで完遂した社会保障と税の一体改革ですが、財政健全化も社会保障改革もこれで盤石、しばらくは心配ない、というわけにはいきません。一体改革は改革の一里塚に過ぎません。ポスト一体改革と呼ぶべき、今後のさらなる改革、改善に取り組まなければなりません。ポスト一体改革にとって重要なことは、これまでにも増して、「全体の視点」を持つ、ということです。

全体の視点とは、経済、財政、社会保障は三位一体であるということを忘れてはいけない、ということに尽きます。換言すれば、どれかを犠牲にするとすべてが立ち行かなくなるということです。経済成長、財政再建、社会保障の維持・強化を通貫する視点から改革を考えなければなりません。

第1部で見た通り、日本には直面する課題が文字通り山積しています。ですが、山積する課題を突き詰めていくと、最終的には、成長戦略（経済の安定）、財政再建（財政の安定）、社会保障（民生の安定）の三つに収斂していくのではないでしょうか。成長戦略とは日本経済の安定的成長を確保することであり、財政再建は国家の問題を解決する政策遂行能力を確保し、持続可能な政府を維持するために必須です。そして、社会保障は社会の安定と統合を確保し、社会の活力を維持するために必要不可欠です。

繰り返しになりますが、経済成長と財政、社会保障は不可分で、相互に連関し依存し合う関係にあります。したがって「この国の経済社会全体の課題を解決する」という視点がなければ、社会保障それ自身の課題を解決するための道筋もまた見えてきません。

少子高齢社会では、社会経済のあらゆる分野から一人ひとりの生活設計まで、マクロ・ミクロ両面で思考と行動の転換が求められます。

その中でも、社会保障は少子高齢化の影響が最も早く、そして最も見える形で現れる分野です。その意味で、社会保障は、少子高齢社会の到来を最も早く意識し、先行的に様々な改革をしてきている分野だと言えます。

厚生労働省（旧厚生省）は、１９９３年の厚生白書で「少子化」をテーマに掲げ、それ以来、来るべき人口減少社会の到来に備え、様々な改革を実施してきました。

２０００年には世界に先駆けて公的介護保険制度を創設し、「長期ケア（介護）の社会化」を実現しました。また、後期高齢者医療制度を創設し「高齢者医療」の対象者を65歳から75歳に引き上げ、ＤＰＣ（診断群分類包括評価）を導入して診療報酬の包括化（出来高の見直し）も実施しました。公的年金では現役世代の保険料に上限を設定する一方で、マクロ経済スライドを導入し破綻することのない年金制度を再設計し、家族支援では、「子ども・子育て支援新制度」を創設し、消費税を目的税化し少子化対策のための安定財源を確保しました。

しかし、社会保障は社会保障一人で成り立っているわけではありません。付加価値の分配である社会保障は経済がうまく機能しなければ機能しませんし、国家財政が揺らげば社会保障も揺らぎます。

社会保障が直面している課題には、社会保障自身の改革で解決できることと、社会経済の課題として答えを出さないと解決できない問題があります。

つまり、社会保障を十全に機能させるためにも、社会保障制度の前提となっている成長戦略や財政再建などの社会経済の問題の解決に取り組まなければならない、ということなのです。

全世代型社会保障の真の意味

前著にも記しましたが、日本の社会保障制度は、高齢者の数が現役世代に比して少なく、雇用が安定し地域や家族の力が強く、現役世代の生活が安定していた１９６０年代に基本設計されたため、元々現役世代への給付が少なく、経済規模に比して社会保障給付の規模が小さいのが特徴です。しかし、高齢者の数が膨大になる一方で労働人口が減少し、雇用が不安定化し地域や家族の力が弱くなってしまった今日では、現役世代への支援が必要になってきました。

「全世代型社会保障への転換」とは、「現役世代への給付が少なく経済規模に比して社会保障給付の規模が小さい」という日本の社会保障制度の構造を変え、「現役世代（子育て世代、若年層、非正規労働者）への社会的支援を強化する」ということを意味します。

誤解されることが多いようですが、「高齢者中心から若者中心へ」とか「高齢者への給付を削って若者への給付に回す」という意味ではありません。そうではなく、「世代間格差論」のような不毛なゼロサム議論を克服するために提唱されたものです。

「全世代型社会保障」という考え方が初めて提唱されたのは民主党政権時代の社会保障と税の一体改革の中でしたが、この考え方は政権交代後の自公連立政権でも引き継がれています。２０１３年８月、安倍内閣のもとで取りまとめられた「社会保障制度改革国民会議報告書」には、「全世代型の社会保障への転換は、世代間の財源の取り合いをするのではなく、それぞれに必要な財源を確保することによって達成を図っていく必要がある」と明記されています。

全世代型社会保障の意図を理解するには、問題を世代間対立に矮小化してはいけません。人は誰しも、生まれ、育ち、年老い、死んでいきます。大きな時の流れの中に「世代」という概念はありません。誰もが、幼少期、少年期、青年期、壮年期、老年期を生きていきます。そのすべての時を通じて必要な社会保障を実現することに、本来、世代間対立など存在するわけがないのです。

社会保障と国民経済の関係を正確に理解する

ポスト一体改革で必要な視点は、社会保障の規模・費用を国民経済との関係で考察することです。つまり、絶対額が何兆円になる、といった「額」ではなく、国民経済に占める規模、すなわち「率」で考察することが大事だ、ということです。

なぜならば、社会保障の給付と負担の名目額は、国民経済＝賃金と物価に連動して動いていくからです。

公的年金制度では、保険料（税）は賃金の一定割合ですし、給付は賃金スライドと物価のマクロスライド制を導入していますから、それぞれ賃金と物価に連動しています。医療・介護制度では、診療報酬・介護報酬は公定価格で賃金と物価に連動しており、生活保護などの福祉給付も基本的には物価に連動します。すなわち、給付と負担の名目額は基本的に国民経済に合わせて動くのです。換言すると、経済成長すれば増大するし、しなければ伸びていかないということです。したがって、社会保障の規模を絶対額（名目額）で議論しても、本当の社会保障の規模を理解することになりませんから、そういう議論をすることにあまり意味はありません。

2040年の社会保障の姿を冷静に見る
――社会保障給付の対GDP比の伸びは減少する

社会保障の規模・費用を国民経済との関係で考察する、とは、要するに対GDP比で考える、ということです。

対GDP比で社会保障の規模を見ると、二つのことが分かります。

事実１：２０４０年になっても、国民経済に占める日本の社会保障給付の規模は先進諸国の中でも相対的に小さい状態が続く。２０４０年の社会保障給付費の対ＧＤＰ比は約24％。２０１５年の１・1倍に過ぎない。現時点（２０１３年）のフランスやスウェーデンのＯＥＣＤ基準の数字よりも小さい。せいぜいドイツ並み（図表２－４）。

事実２：２０４０年にかけて、社会保障給付の対ＧＤＰ比の伸びは大きく減少する。２０００年から２０１５年までの15年間で、社会保障給付の対ＧＤＰ比は14・８％から21・６％へと６・８％ポイント増大。比率でいえば約１・46倍。他方これから２０４０年までの伸びは21・６％から約24％へと、２％ポイント程度の伸びに過ぎない（図表２－５）。

２０１８年5月、政府（内閣官房、内閣府、財務省、厚生労働省）は、経済財政諮問会議に「２０４０年を見据えた社会保障の将来見通し」を提出し、同時に公表しました。

社会保障費の推計を公表した当時、新聞各紙には「２０４０年に１９０兆」「今の１・６倍に増加」といった見出しが躍りました。が、仮に、２０４０年に日本のＧＤＰが「今の１・６倍」になっていれば、国民経済に占める社会保障の規模は変わりません。25年間で１・６倍はアベノミクスで掲げた年率平均２％の成長で達成できる数字です。

将来の経済がどうなるのか、この試算の前提となっている将来の日本の経済はどういうもの

図表2－4　高齢化率と社会支出の規模　国際比較

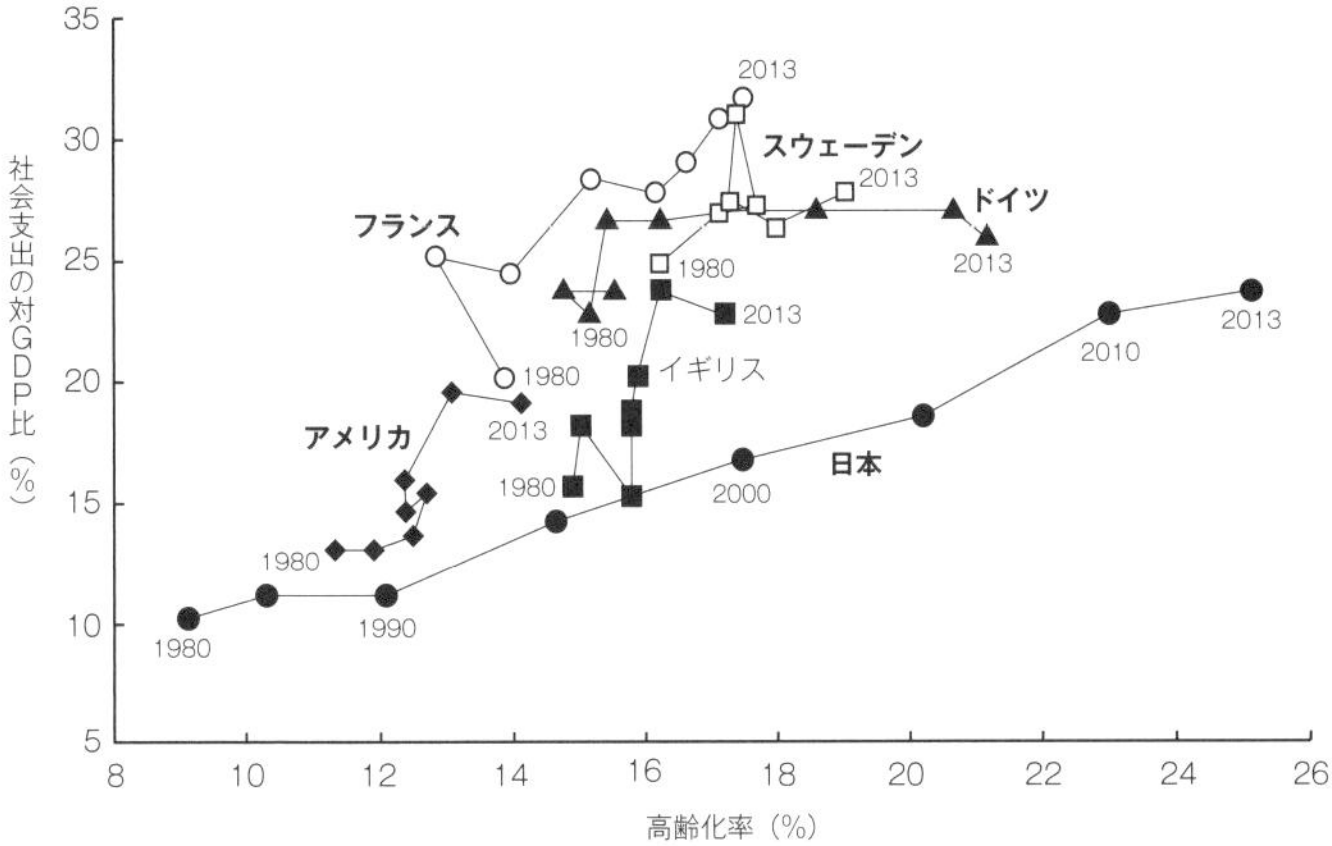

（出所）OECD（2016）：OECD Social Expenditure Database, OECD Health Statistics 2016 より作成

かを示さずに、「190兆」「1・6倍」と社会保障の数字の大きさだけを見せてことさらに危機感を煽ることは、問題解決に資さないばかりか、冷静で正しい問題の理解を妨げる単なるアジテーションにしかなりません。

事実1で述べたように、対GDP比という視点で先進諸外国の社会保障の規模と日本のそれとを比較すれば、社会の高齢化率の高さに比して現在の日本の社会保障の規模はさほど大きくないことがよく分かります（図表2－4）。

2013年の数字で比較すると、高齢化率25％を超える日本が対GDP比24％であるのに対し、高齢化率約18％のフランスは約32％、約20％のスウェーデンは約28%です。対ＧＤＰ比が日本より少ない国の高齢化率を見ると、アメリカは14%超、イギリスは18%弱で、日本のそれとは比較にならないほど低い値です。つまり、日本は世界最高の高齢社会なのにこの程度の社会保障の規模だということです。

各国の高齢化率が今後どの程度上昇し、それにより対ＧＤＰ比がどの程度増加するのかは不確定ですが、各国のトレンドを見れば、２０４０年になっても日本の国民経済に占める社会保障給付の規模は先進諸国の中でも小さい状態が続くことが予想されます。

社会保障給付費は大きければいいというものではありませんし、小さければいいというものでもありません。ですが、その良し悪しは別として、事実がそうであるということは是非認識していただきたいと思います。

２０４０年の社会保障の姿

２０１５年の推計によると、２０４０年の社会保障給付費の対ＧＤＰ比は約24%です（図表２－５）。２０１５年の１・１倍になる計算です。

この推計から見て取れるもう一つのポイントは、今後２０４０年まで、社会保障給付の対Ｇ

図表2－5　日本の社会保障給付費対GDP比（実績と見通し）

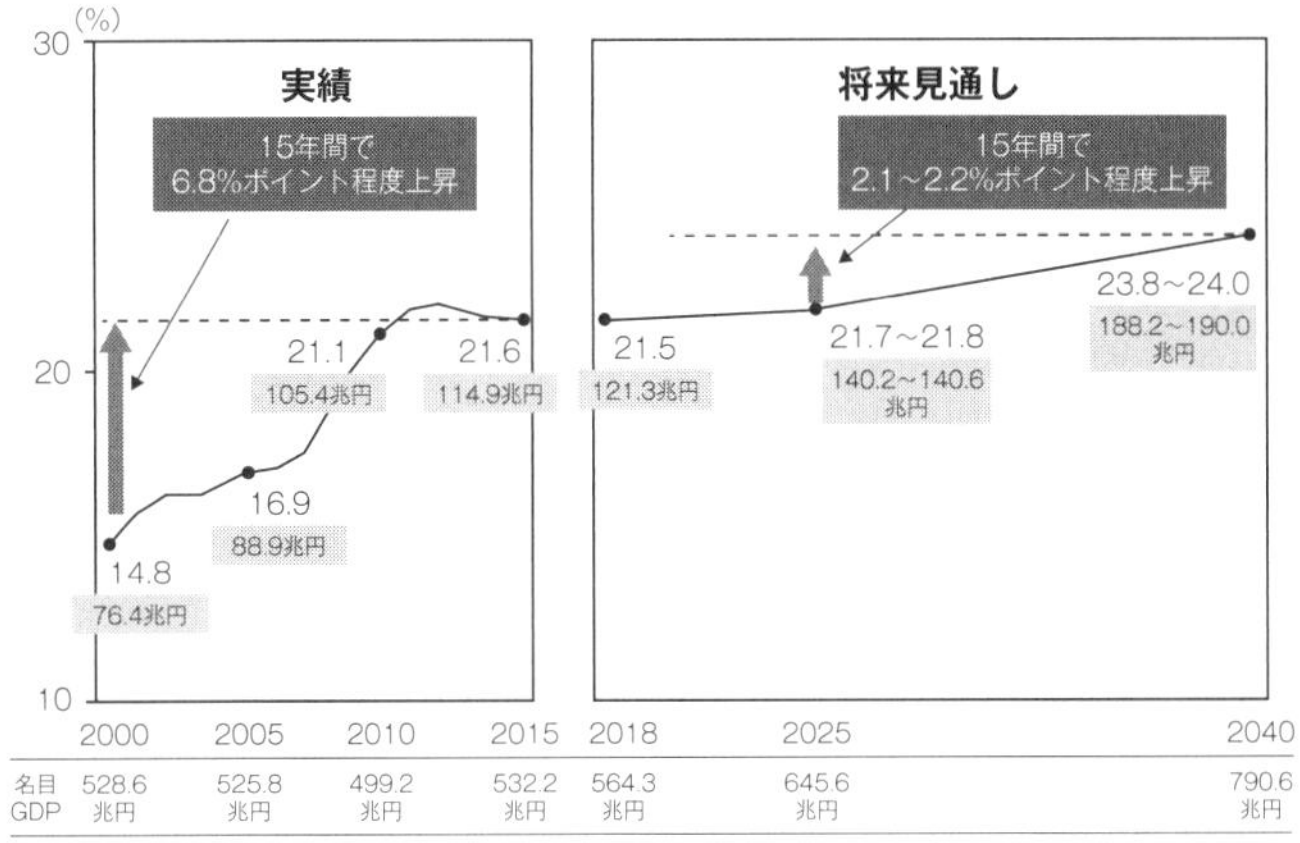

（出所）2000～2015年度は、国立社会保障・人口問題研究所「社会保障費用統計」による実績値。2018年度以降は内閣官房・内閣府・財務省・厚生労働省「2040年度を見据えた社会保障のシミュレーション（議論の素材）」による推計値

ＤＰ比の伸び率は大きく減少、ということです。

２０００年から２０１５年までの15年間で、社会保障給付の対ＧＤＰ比は14・8％から21・6％へと６・8％ポイント増大しました。増加率は約1・46倍です。これに対して、２０１５年から２０４０年までの対ＧＤＰ比は21・6％から約24％に増加するだけで、増加率は1・1倍程度です。その間、後期高齢者が1・37倍に増えることを考慮すると、社会保障の規模は増大するどころか、むしろ抑制されていると言ってもいいくらいです。

これは「総人口の減少」と、この

図表２－６　部門別社会保障給付費　対GDP比の見通し

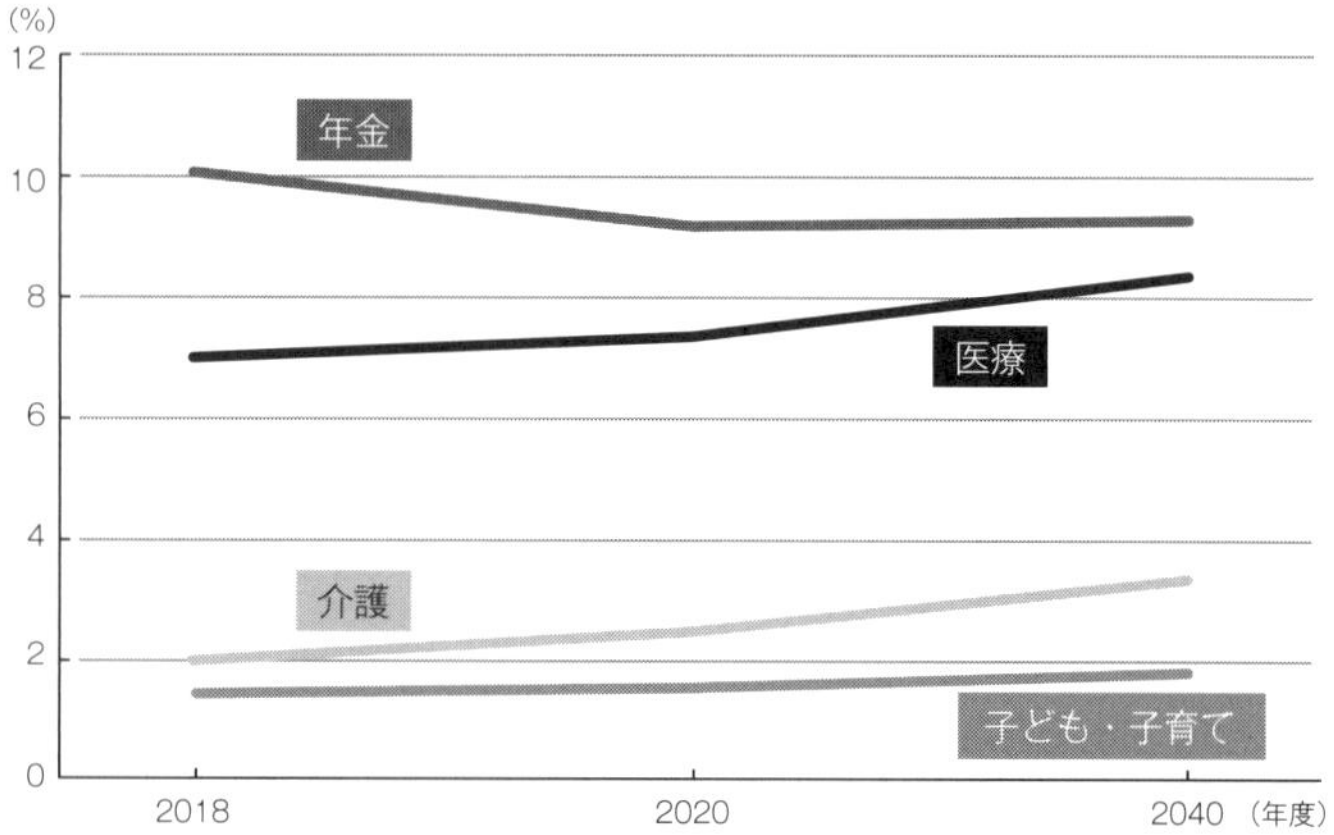

（出所）国立社会保障・人口問題研究所

間、年金・医療・介護はじめ社会保障全体を通じて様々な「構造的――中長期的に効果が持続する――適正化対策」を行ってきたこと、特にマクロ経済スライド導入などの年金改革の効果で年金の対ＧＤＰ比が下がることが大きく寄与しています。

　これから２０４０年に向けて、日本の社会保障給付が「青天井でどんどん増えていく」のでしょうか。その負担は「国民が負担できない過重なものになる」のでしょうか？

　先ほど申し上げたように、25年間で１・６倍、というのは年率平均２％の伸びです。

　示された将来推計を見る限り、「人口が減少する中、今後さらに高齢化が進んで社会保障費は膨張し、２０４０年に国民はその負担に耐えられなくなって社会保障は破綻する（そして日本経済も破綻する）」といった類いの言説は現実的でも合理的でもない、いささか「誇大広告」の言説、為にする議論と言うべきです。

もちろん、少子化は今後もさらに進むでしょうし、高齢化は確実に進みます。避けられない人口減少の中で、日本の社会保障制度を社会経済の実態に合わせて改革していくことは必要です。

しかし、「何を」「どのように」改革すべきか、何が最優先の課題なのか、経済社会の中で社会保障が果たしている機能をどう考え、どの機能をどう強化し、どの機能をどう効率化するのか、そのための負担をどう考えるのかといった全体戦略を考えるためには、まず議論の前提となる事実を客観的に把握し、それに基づいて正確な議論を展開することが肝要です。

どのような社会を目指すのか、そのために社会保障が何をしないといけないのか、「社会保障改革」の方向性・やるべきことはほぼ明らかになっていると私は思っています。

社会保障改革は決して楽な改革ではありませんし、先にも述べたように社会保障の問題は社会保障制度の改革だけで解決できるわけではありません。ぶれることなく根気よく努力を重ねて実行できるかどうか。それは政治の課題でもあります。

ここからは、公的年金、医療・介護、家族支援の社会保障の主要分野について、それぞれの課題を整理しておきます。

第3章

年金をどう維持していくか

1 公的年金制度

公的年金と日本経済

公的年金制度の基本的仕組みは「働いている現役世代が生み出した付加価値を、生産から退いた高齢者に分配する」ことです。「働いている人が働いていない人を含めた全人口を支える」という意味では、年金も普通の社会と基本構造は同じです。つまり、公的年金制度は日本の社会経済の縮図だと言えます。

総務省の人口推計などによると、2019年の日本の総人口は約1億2600万人で生産年齢人口は約7500万人、そのうち実際に働いている就業者数は約6700万人です。つまり、働いている人は総人口の半数強に過ぎません。今の日本はすでに、一人で一人を支える「肩車」状態になっているのです。

今後はさらに高齢化、少子化、人口減少、労働力人口減少が進みます。都市部ではなお高齢者人口が増大し医療・介護サービス基盤の整備に追われ、他方中山間地域は限界集落となり消滅の危機を迎えるでしょう。労働力不足は深刻化し、消費の後退による市場の縮小など、社会経済のあらゆる分野でさまざまな問題に直面することになります。

公的年金も同じです。支え手が減って受給者が増える。この構造は避けられません。破綻することはありませんが、バラ色の給付というわけにはいきません。

繰り返しますが、公的年金は日本社会・経済の縮図であり、公的年金制度の課題は日本の社会や経済が直面する課題そのものなのです。

公的年金制度を考えるポイント

このような理解を前提とすると、公的年金制度を考える上でのポイントをいくつか導き出すことができます。

・公的年金は「付加価値の分配」

まず、公的年金は「付加価値の分配」だということです。

経済の実力以上の公的年金制度というのはあり得ません。現役世代が負担に耐えきれず年金制度が破綻するときが来るとすれば、その前に日本経済が潰れているはずです。逆に言うと、日本経済が潰れない限り年金制度が破綻することはありません。日本経済の実力に応じた「身の丈に合った制度」になるだけのことです。

・社会経済の課題として考える

次に、公的年金が抱える課題は公的年金制度だけを考えていても解決できないということです。

非正規労働者への厚生年金適用拡大のように公的年金制度の中でできる改革もありますが、

家族支援（少子化）政策や雇用労働政策など、公的年金制度に大きな影響を与える社会経済の課題を解決する処方箋の多くは、公的年金制度の外にあります。

社会経済の課題として対策を考えることと、公的年金制度の改革を通じて解決すべき（できる）ことがある、ということです。

・「財政方式論議」では解決できない

三つ目のポイントは、経済学者が好む「公的年金の財政方式論議」は問題解決に意味を持たないということです。

年金の財政方式には積立方式と賦課方式があり、日本はじめほとんどの先進諸国は賦課方式を採用しています。積立方式は文字通り現役時代に積み立て引退後に積み立てた資金を取り崩して受け取る仕組み（funded system）であるのに対し、賦課方式は現役世代が払い込んだ保険料を財源に高齢者に分配する仕組み（pay-as-you-go system）です。世代間扶養の仕組み、とも表現されます。

この賦課方式を批判し、積立方式にすべき、というのが「財政方式論議」です。

学者の議論ですから様々な議論があってもそれはそれで構いませんが、現在の日本の公的年金が抱える問題の解決、という意味では、この議論は問題解決には寄与しません。

積立方式でも賦課方式でも、あるいは民営化（積立論者の多くは同時に報酬比例年金（厚生年金）の民営化を主張しています）しようがしまいが、「現役の生んだ付加価値の分配」という制度の本質に変わりはないからです。財政方式を変更しても、年金を民営化しても、少子高齢化の影響から免れることはできず、給付水準が上がるわけでも年金財政がより安定するわけでもありません。

このことは、「同等命題」と呼ばれている命題で示されていて、「同等命題」は人口減少下でも妥当する命題であることは、年金制度を専門に研究している年金学者であれば知っている自明の事柄です。

同等命題について、簡単に説明した図をつけておきましょう（図表3－1）。

公的年金制度のような極めて大きく長期間にわたって給付と負担の関係が継続する制度を、制度が潰れるわけでもないのに土台ごとひっくり返すような制度変更をするのは馬鹿げています。無意味であるだけでなく、社会に大混乱を招きます。

やや専門的な話になって恐縮なのですが、積立方式への変更を主張する学者がよく引用する議論に、1960年代に提唱された「サミュエルソン＝アーロンのパラドックス」という考え方があります。

それは次の図式で示されます。

図表３－１　同等命題の説明

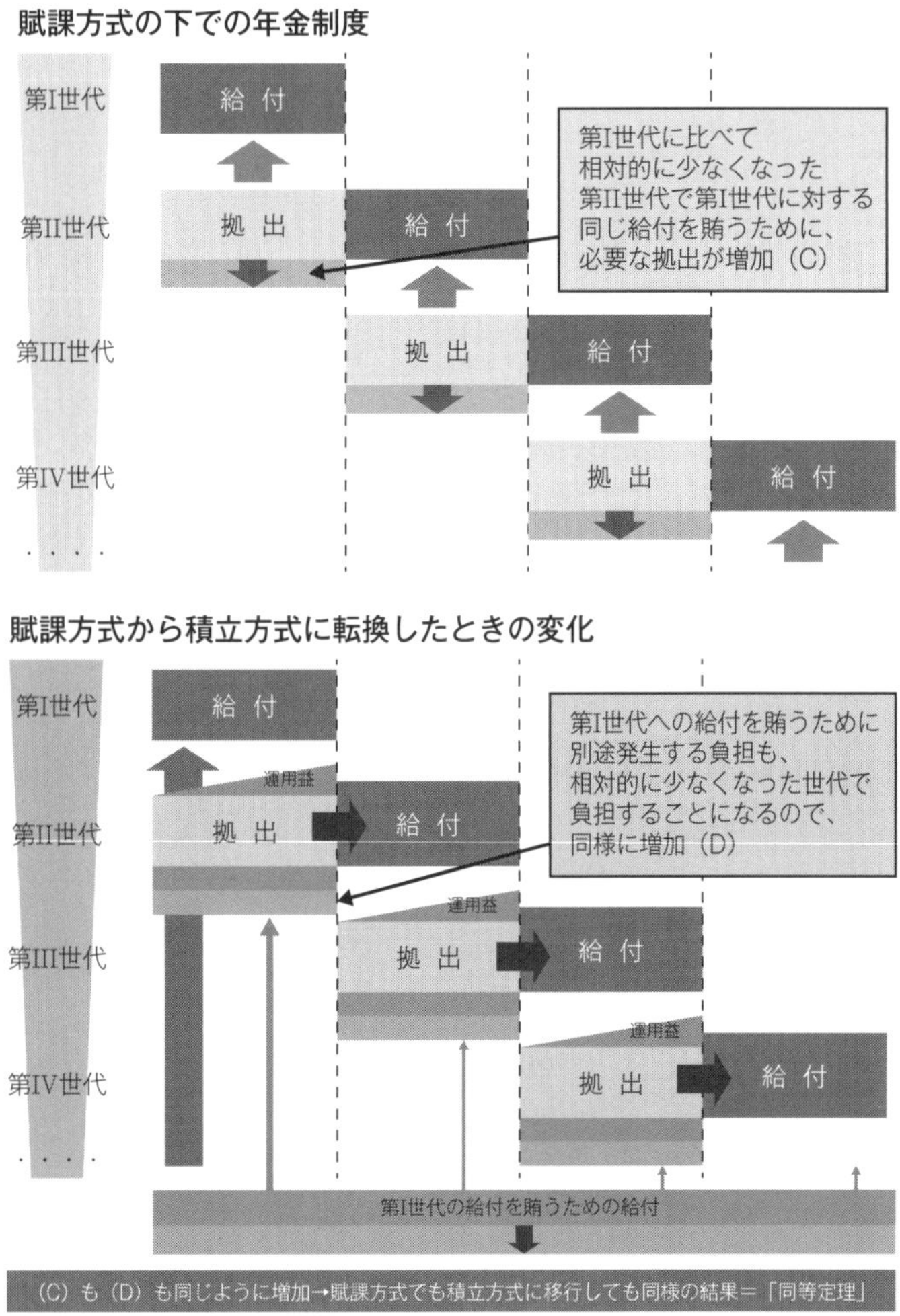

（出所）厚生労働省年金局

図表3－2　積立方式でも賦課方式でも少子高齢化や低成長の影響を受ける

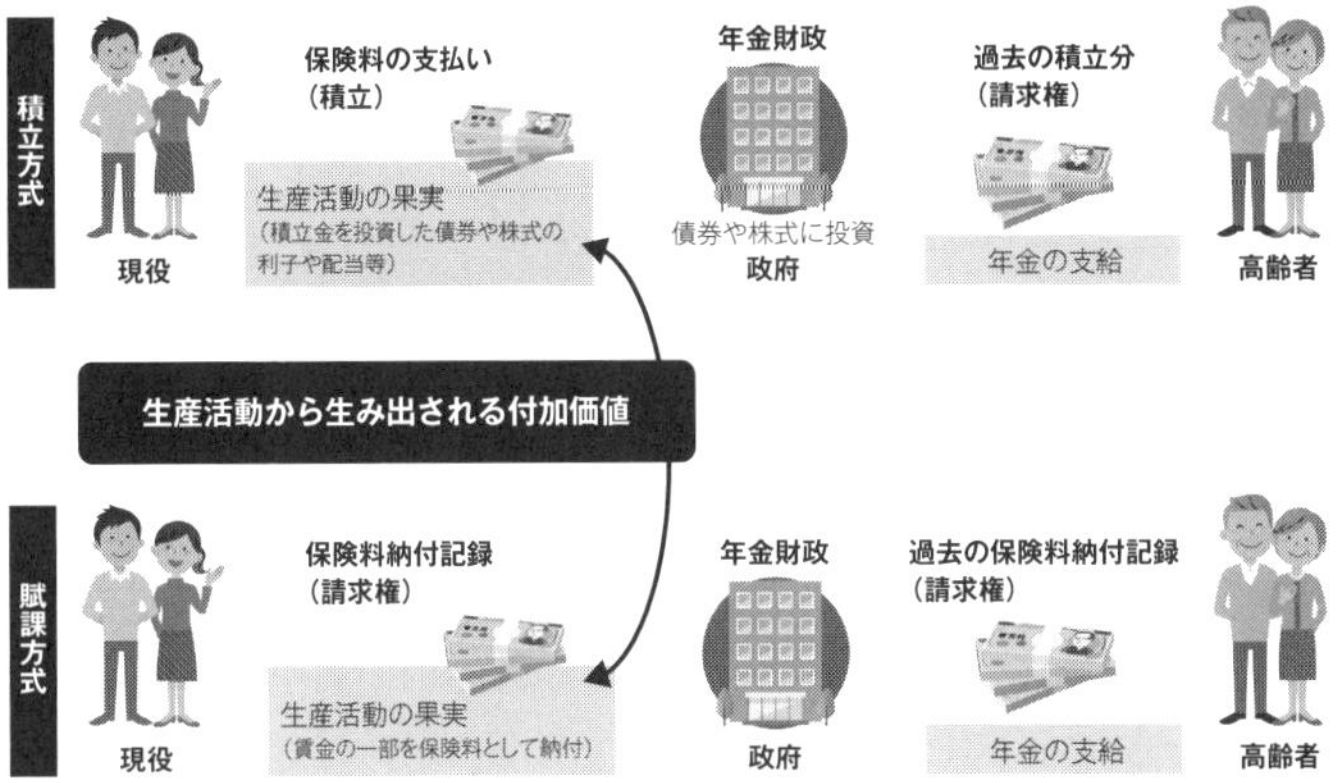

（出所）厚生労働省年金局

人口成長率　＋　所得増加率　＞　利回り　→　賦課方式が有利

人口成長率　＋　所得増加率　＜　利回り　→　積立方式が有利

この図式に従えば、人口成長率と所得増加率の和が利回りより大きかった高度成長期には賦課方式が有利だが、少子高齢化が進行し経済成長が停滞するようになったら積立方式が有利になる、ということになるので、積立方式への変更を主張する論者――多くはマクロ経済学者です――が論拠にしているものなのですが、１９９０年代以降、少子高齢化の影響で生産力が低下すると結果的に利回りも低下するとの指摘や、積立方式への移行費用（すでに受給世代となっている者への給付費用）を考慮に入れると賦課方式と積立方式のどちらの方式でも負担は同等となるとの指摘がなされ、現在では、積立方式も賦課方式と同様に人口構造の変化の影響から逃れられない、との理解が世界の年金学者の間の議論では共有されるようになっています。

・公的年金は「保険」である

最後のポイントは、公的年金は貯蓄でも金融商品でもなく、「保険」だ、ということです。年金は「貯蓄」でも「金融商品」でもありません。これはとても大事なポイントです。年金が保険の対象としているのは、「長生きのリスク」です。長生きは嬉しいことですが、長生きすればその分生活するのに費用が必要です。寿命は誰にも分かりませんから、長生きしても困らないように「保険」をかけているのが公的年金なのです。

ですから、世界中どこの国でも公的年金は必ず「終身給付」です。払い込んだ保険料の総額とは関係なく死ぬまで給付がもらえます。私的年金との決定的な違いはここにあります。

年金は「保険」ですから損得論は無意味です。あの世におカネは持っていけませんし、その必要もないはずです。生きている間にきちんとした保障をする・受けることが大事なことではないでしょうか。

公的年金制度について、「巨額の債務超過と積立不足がある」から「将来破綻する」とか、

「積立方式に移行すべきだ」とか「民営化して効率化すべき」「いくつまで生きたら得をするか」といった類いの議論をしている学者や経済評論家がまだいるとすれば、その論者はあまり社会保障の基本の仕組みを勉強していない方だと思って間違いありません。もしそれを承知で言っているのだとすれば、申し訳ありませんが、それは「トンデモ系」と言うべきでしょう。

2 現行公的年金制度の基本骨格――２００４年の年金改正

はじめに、現行の公的年金制度の骨格をおさらいしておきます。皆年金制度ですから、日本に在住資格のある人は国籍を問わず、20歳になると誰にも加入義務があります。保険料は国民年金が月額１６９００円、厚生年金は労使折半で給与の18・３％に固定されています。

給付は少し複雑ですが、受給開始年齢は原則65歳で、本人の選択により60歳から70歳までの範囲で受給開始年齢を変更することができます（これを「繰り上げ」「繰り下げ」と言います）。

開始を前倒し――繰り上げ――すれば受給の月額は少なくなり、逆に遅らせる――繰り下げ――と多くなります。

国民年金の給付額は20歳から60歳まで40年間保険料を完納した場合月額６５０００円です。厚生年金受給者の年金額は現役時代の収入によって変わりますが、基礎年金（国民年金）と厚生年金を合わせた額で現役時代の50％以上が確保されることになっています。

現行制度に至るまで、公的年金制度は何度も改定されてきましたが、直近で一番大きな改正は２００４年の改正です。

この改正では４つの大きな改革が行われました。

第１は上限を固定した上での段階的保険料の引き上げです。

「段階的引き上げ」はすでに終了しており、前述の通り保険料はすでに18・３％で固定され、これ以上現役期の負担が増えることはありません。

第２は基礎年金国庫負担の１／２への引き上げです。

その財源は、社会保障と税の一体改革により消費税率が引き上げられたことで確保されました。

第３は積立金の活用、つまり計画的な取り崩しです。

元本運用益を計画的に取り崩して年金給付に充当していきます。

そして最後が「マクロ経済スライドの導入」です。

これについては、次項で詳述します。マクロスライドは２００４年改正で導入されましたが、実際に発動され機能し始めたのは２０１５年からです。

つまり、２００４年の年金制度改革のフレームは、社会保障と税の一体改革（消費税増税）や様々な条件整備が行われ、制度改正後10年以上を経て完成したわけです。

3　マクロの年金保障

マクロ経済スライド――制度を維持するための仕掛け

マクロ経済スライドとは、簡単に言うと「現役世代が負担できる範囲内で年金給付を調整する」仕組みです。公的年金給付は、給付額の実質的な価値を維持させるために物価スライドしますが、現役世代の人数と所得（標準報酬）の変化に応じ、一定の計算式に従ってこの物価スライド率を割り引きし、給付水準を引き下げて給付総額を調整することで長期的な収支バランスを確保する、という仕組みです（図表3－3）。

つまり「現役世代が生産する付加価値の範囲内で年金を給付するシステム」と言えます。ですから、今や公的年金制度は潰れようがありません。

財政対策としての支給開始年齢引き上げはもはや意味がなくなった

マクロ経済スライド導入以前は、少子高齢化が進むと年金財政が厳しくなるから受給開始年齢を引き上げるべきだという議論が盛んでした。しかし、マクロ経済スライドという年金財政の長期安定化措置を制度に組み込んだことで、もはや年金財政を安定化させるために受給年齢を引き上げるべきか否かという議論は意味がなくなりました。

受給開始年齢の引き上げは、これから年金を受給する世代の給付を調整（減額）することで年金財政を安定化させることですから、すでに年金を受給している世代は影響を受けません。

他方、マクロ経済スライドは、すでに年金を受給している世代を含めすべての世代が受給する給付を（現在の給付も将来の給付も）一律に等しく調整することで財政の安定化を図るシステムです。世代間の公平という意味でどちらが優れているかは明らかです。マクロ経済スライドの方がはるかに優れていますし、徹底しています。

その意味で、マクロ経済スライドは「将来の現役世代の年金を守るための仕掛け」なのです。

4 ミクロの年金保障——給付額を維持するための改革

マクロ経済スライドとは何か

マクロ経済スライドの導入で公的年金財政は安定しますが、給付水準は少しずつ引き下げられています。マクロの制度は維持できても、ミクロ、つまり個々の受給者にとっての年金の所得保障機能は縮小しています。そして、当然のことですが、マクロ経済スライドによる調整が

図表３－３　マクロ経済スライド　自動調整の具体的な仕組み

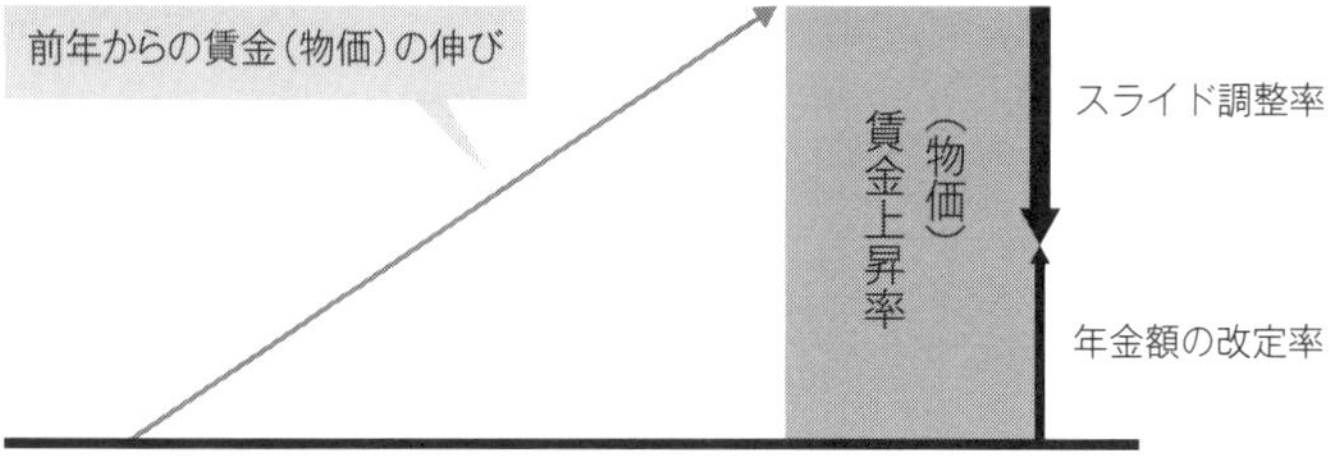

例）賃金（物価）上昇率が1.5％で、スライドの調整率が0.9％のとき、実際の年金額の改定率は0.6％となる。

（出所）厚生労働省年金局

長期化するほど給付水準は低下します。

　とはいえ、今後の人口減少、年齢構成の変化ということも視野に入れて「できるだけ一人ひとりの年金額を守る」ことを考えるとするならば、「マクロ経済スライドを発動させない」というわけにはいきません。「いかにマクロ経済スライドによる給付水準低下の影響を小さくするか」という思考回路でものごとを考えることが必要になります。

　すなわち、マクロ経済スライド導入後の公的年金制度の課題は、ミクロの給付水準を守る手立てを考えること、具体的には、マクロ経済スライドの発動期間（調整期間）をいかに短く済ませるか、ということになります。

　そもそも、マクロ経済スライドは年金財政の長期的収支を確保するための措置です。いつまでもやり続けるようなものではありません。発動が遅れれば遅れるほど調整期間が長くなり、将来世代の給付水準は低下しますから、マクロ経済スライドは「できるだけ早く始めてさっさと終わらせる」のがベストなのです。

では、どうすれば、マクロ経済スライドを早期に終了させられるのか、つまり、年金財政の収支バランスが回復できるのでしょうか。

マクロ経済スライド調整期間は基本的に二つの要素で決まります。一つは将来の労働力人口（＝被保険者数）、つまり「支え手の人数」であり、もう一つは経済成長です。したがって、出生率を回復させて将来の労働力人口を増やすことが一番の処方箋です。もちろん経済成長も重要です。成長して給与が増え、保険料収入が増えれば年金財政は安定します。

しかし、出生率の回復も経済成長も、公的年金制度を改革することで直接実現できる課題ではありません。どちらも公的年金制度にとっては制度の前提となる「与件」です。

マクロ経済スライドの調整期間を短くするために、公的年金制度の側でできることはあるでしょうか。実は三つあります。

・マクロ経済スライド措置の徹底

第一は、マクロ経済スライド措置を徹底することです。

具体的には、デフレ下でも、つまり物価・賃金の伸びが低いときでもマクロ経済スライドによる調整を全面適用することです。

現在のマクロ経済スライドには「下限措置」が設けられています。例えば、物価の伸びが１％だった時にマクロ経済スライドによる調整措置が１・５％だったとします。この場合には、１・５％のマクロ経済スライドを完全適用して改定率をマイナス０・５％とするのではなく、ゼロで据え置く、つまり０・５％分は発動しない、とする措置です。「名目額下限措置」とも言われています。

この措置は、かつて物価がマイナスになった２０００年代半ばに、完全物価スライドですから本来であれば物価の下落に合わせてマイナス改定すべきであった年金額を、特例的に現在額に据え置く、という措置を講じたことと同じで、年金財政的には本来の年金額よりも高い年金額を給付していることになるので、その分年金財政を悪化させます。

これをやると、本来のマクロ経済スライドの効果が減殺されますから、その分調整が先送りされます。つまり、マクロ経済スライドによる調整期間がそれだけ長くなり、将来の年金額が下がることになります。現在の受給者の年金を据え置いた分、将来の受給者が不利益を被ることになるわけです（図表３－４）。

２０１４年の年金改正では、名目額下限措置は残しつつ、調整できなかったマクロ経済スライド調整率を翌年以降に「キャリーオーバー」し、次の３年間で調整する、という改正を行い

図表３－４　マクロ経済スライドの発動を遅らせると将来の給付が調整される

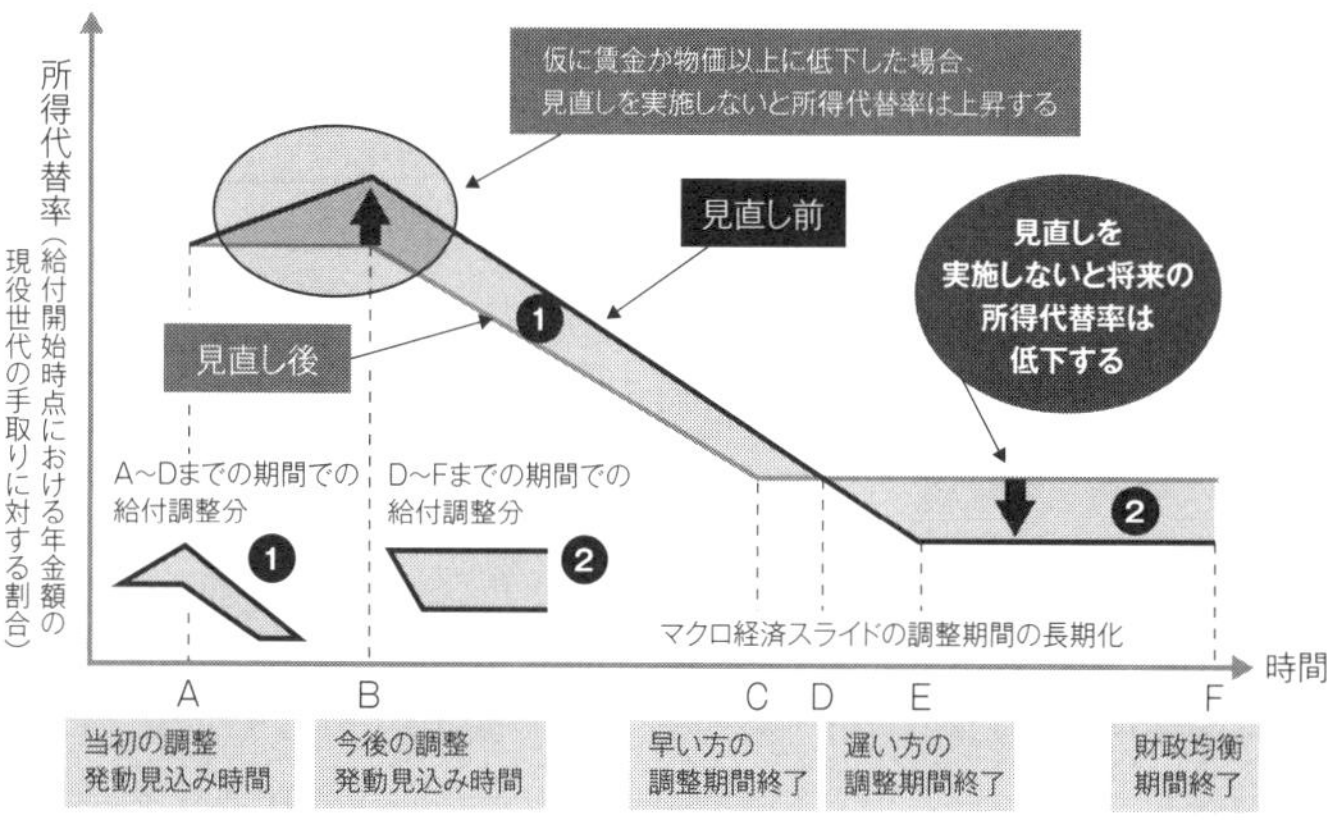

（出所）厚生労働省年金局

ました。これによって、未調整分を早期に調整することとなり、将来世代の給付水準への影響を一定程度回避することができるようになりました。

また、物価スライドルールを一部見直して、賃金の伸びが物価の伸びを下回る場合や、物価下落以上に賃金が下落したような場合（通常は起こりませんが、デフレ下ではこういう現象が起きることがあります）には、現役の負担に考慮して賃金の変動を基準に年金額を改定することとしました。

もちろん、デフレを脱却し、賃金物価が安定的に上昇していくようになれば、マクロ経済スライドは普通に完全適用されるようになります。しかしながら、賃金物価の上昇が小さい局面では現役世代の負担能力が低下します。加えてマクロ経済スライドの発動を部分的にせよ先送りすれば、その分調整期間が長くなるので、結局影響を受けるのは現役世代です。

マクロ経済スライドの徹底は政治的にはなかなか合意形成が難しい難題ですが、公的年金制度の安定、世代間の公平といった大きな観点から考えれば、避けて通れない課題だと私は考えています。

余談ですが、2014年の年金制度改正時に行ったこの「キャリーオーバー」措置について、一部の野党議員（その前は与党だった方々）は「年金カット法案だ」と言って反対の論調を展開されました。

「公的年金制度の抜本改革——一律7万円を支給する新年金制度の創設」を高々と掲げて政権を取った民主党が、政権与党になった後改めて公的年金制度の勉強をして、「現行の公的年金制度は潰れません、何となればマクロ経済スライドが導入されているからです」という結論に至ったことは皆さんご承知の通りです。

この反対論に対しては、野党の中からも「自分たちが与党の時代に言ったこと、やったことと違うではないか」との批判の声が上がりました。与党になって「マクロ経済スライドの意義と必要性」を十分理解し、社会保障を政争の具にしてはいけないと気づいたはずの方々なのですが、私はとても残念に思ったことを覚えています。

・加入者の拡大

第二は、厚生年金（被用者年金）の適用を広げ、非正規労働者の加入をさらに拡大することです。

非正規労働者への厚生年金適用拡大は、そもそもの政策論として、「被用者＝賃金労働者であるにもかかわらず被用者としての老後保障が受けられない」という問題をどう考えるか、という話です。非正規労働者の老後の所得保障を考えれば、厚生年金をきちんと適用して従前所得に応じた所得比例年金を保障する、というのは公的年金制度の制度体系からしても、そもそもの年金制度の機能役割からしても当然の政策判断と私は考えています。

被用者であるにもかかわらず制度の適用が違う、被用者としての老後生活保障が行われない人がいる、というのは、社会保障制度が格差・差別をつくり出しているようなものです。このことは前著の中でも詳述しています。

非正規労働者への適用拡大は、短時間労働者について２０１０年・２０１６年の２度の法改正で順次拡大され、直近の２０２０年改正ではさらに従業員規模50人以上の事業所まで拡大されることになりました（段階的に施行。50人規模への適用は２０２４年から）。

世の中の問題意識の高まりとも相俟って適用拡大は進んでいますが、労働時間週20時間以上、賃金月８・８万円以上等の要件があり、50人規模まで拡大しても適用されるのは65万人程度に

図表3－5　非正規労働者への適用拡大を行った場合の給付水準上昇効果（一定以上の収入のある全雇用者を適用）（約1,200万人拡大）

（給付水準調整終了後の標準的な厚生年金の所得代替率／給付水準調整の終了年度）

	現行の仕組み（25万人）		適応拡大した場合（1,200万人）
ケースC	51.0%（2043） 比例：25.0%（2018） 基礎：26.0%（2043）	＋6.3%	57.3%（2032） 比例：24.7%（2019） 基礎：32.7%（2032）
ケースE	50.6%（2043） 比例：24.5%（2020） 基礎：26.0%（2043）	＋6.9%	57.5%（2029） 比例：24.1%（2022） 基礎：33.3%（2029）
ケースG	42.0%（2058） 比例：21.9%（2031） 基礎：20.1%（2058）	＋5.1%	47.1%（2046） 比例：21.9%（2034） 基礎：25.2%（2046）
【マクロ経済スライドによる調整がフルに発動される仕組みとした場合】			
ケースH（経済変動あり）	41.9%（2054） 比例：20.9%（2034） 基礎：21.0%（2054）	＋3.9%	45.8%（2047） 比例：20.9%（2036） 基礎：24.9%（2047）

※人口の前提；中位推計（出生中位、死亡中位）

（注1）現行の仕組みには、社会保障と税の一体改革によるパートの適用拡大（25万人ベース）を反映。

（注2）国民年金の納付率は、納付率の低い短時間労働者等が厚生年金適用となるため3.3%程度上昇する前提。

（出所）2014年公的年金財政検証レポート

過ぎません。

非正規労働者への適用拡大は、ミクロの所得保障のみならず、マクロの年金財政の観点からも重要です。非正規労働者への厚生年金適用拡大は「支え手を増やす」ということにほかなりません。支え手が増えれば保険料収入も増えます。将来それに見合う給付も増えます（これが「ミクロの所得保障」ということです）が、当面の財政収支は改善し、言ってみれば「拡大均衡」が実現されます。

結果、マクロ経済スライドの調整期間が短縮され、すべての世代、現在および将来の年金受給者の年金給付水準が確保されます。

２０１４年改正時の財政検証の中で行ったオプション試算によれば、一定以上の所得のある約１２００万人の非正規労働者すべてに適用を拡大すれば、マクロ経済スライド調整期間は10年以上短縮することができ、所得代替率（現役時代の所得に対してそれだけの水準の年金が支給されるか）は最大６・９％ポイント改善されます。

ミクロでも非正規労働者の老後所得保障が充実し、マクロでもマクロ経済スライド調整期間が大幅に短縮されて年金受給者全体の給付水準が改善されます。

負担増になる経済界の反対もあってこれまた政治的には非常に難しい課題ですが、「格差是正」という意味も含め日本社会全体のことを考えれば、適用拡大は真剣に議論すべき課題だと思います。

・現役期間の伸長

第三は、平均寿命の伸長に合わせた現役期間＝保険料拠出期間の伸長です。

老後の生活保障の基本構造はミクロ（個人）でもマクロ（社会全体）でも同じです。ミクロで考えれば「現役のうちに引退後を含めた一生分の所得を確保する」ことであり、年金制度がなければ、老後に備えて現役時代のうちに個人で貯蓄などの資産を蓄えておかなければなりません。それをマクロで実施しているのが「現役世代が生んだ付加価値で引退世代に年金を給付する」年金制度です。個人でやるか、社会全体でやるか、だけの違いです。

人口が高齢化する、高齢者が増える、というのは平均寿命の延伸の結果です。したがって、平均寿命が延びたなら、そのうちの何年かは働く期間にして引退年齢を後ろ倒ししなければ、ミクロで見てもマクロで見ても収支バランスは成り立たないことになります。

日本人の平均寿命は半世紀で約10年延伸しました。しかし、平均的な就労期間はそれに見合って伸びていません。伸びたのはほぼ引退後の時間だけです。平均余命が伸びた分ほぼ老後期間が伸びているような状態です。

平均余命の伸びに見合う程度に就労期間を延ばすことができれば、年金財政は収支の均衡を回復することができ、マクロ経済スライドの調整期間も早く終了させることができます。加えて言うなら、年金制度加入期間は長くなりますから給付の水準もアップします。

前著でスウェーデンの年金改革を紹介しました。

日本の財政検証報告に当たるスウェーデンの年金財政報告書「Orange Report」には、平均余命の伸び分を補って年金水準を維持するために必要な退職年齢が生年月ごとに一覧表で示されています。

例えば、１９３０年生まれの人は平均寿命が82歳５ヶ月で１９９５年に65歳から年金受給が始まりました。この世代の人たちと同じ給付水準を維持できる受給開始年齢は、１９９５年生まれの人であれば平均寿命が86歳３ヶ月なので67歳５ヶ月、１９９５年生まれの人であれば同じく平均寿命は89歳２ヶ月になるので69歳４ヶ月からとなる、ということです。

年金水準維持のためには、平均余命の伸びのうち概ね３分の２を就労期間の延長に充て、残りの３分の１が年金受給期間に充てられるように受給開始年齢を調整する必要があります、ということが分かりやすく示されています。

この問題は年金の支給開始年齢の問題ではなく、本人がいつまで働くことにするか、という「引退年齢をどう考えるか」ということですから、基本的には雇用政策・労働市場政策の問題です。雇用が保障されなければ就労期間を長くすることはできませんし、就労期間を長くすることができなければ引退年齢を遅らせることもできません。

なので、雇用政策と一体となった年金制度改革を進めていかなければなりません。「普通の人が普通に働いて普通に暮らせる」仕組み、雇用と年金は一体的に考えていく、ということです。

個人の取り組みによる給付水準の確保

以上の取り組みとは別に、個人の選択によって給付水準（受給額）を確保する方策があります。受給開始年齢を弾力化して本人の選択の幅を広げることです。

現行制度でも、標準の受給開始年齢は65歳ですが、本人の選択で60歳から70歳の範囲で変更することができます。繰り上げると受給年額は減り、先送りすると増える仕組みです。

個人の受給開始年齢の変更はマクロの年金財政に影響しません。割増と割引率はそのように設計されています。一方、ミクロの受給総額の多寡で「損得」を考えると、受給開始年齢を繰り上げた人は平均寿命より長生きする「損」、早死にすると「得」で、繰り下げた人はその反対です。

寿命は分かりませんから損得は結果論ですが、現行制度で受給開始を1年繰り下げると受給額は約8％増額します。70歳にすると40％以上の増額になります。もし、65歳になった時点で一定の貯蓄があったり、働き続けたりすることができるならば、年金を受給するより、就労収入や貯蓄を使って年金は繰り下げた方が得だということです。貯蓄のうち、1年分の年金と同額の資金を運用して1年間で8％の利益を出すのは至難の業です。損をするリスクもあります。けれど、繰り下げれば確実に8％増えるからです。受給開始年齢の先延ばしを「資産運用」と考えれば、これほど魅力的な運用法はありません。

お金はあの世には持って行けませんし、そもそも公的年金制度というのは長生きのリスクをカバーするものです。前にお話ししたように、人間いくつまで生きるか分からないからあるのが公的年金です。だから終身給付なのです。

早く死んでしまって年金をもらい損なっても、生きている間の生活が守られたのだから本人にとってはまったく困らないはずです。それよりも、できるだけ長く働く、あるいはまず貯蓄（私的年金や企業年金でもいい）を使って生活費に充てる、そして年金の受給開始年齢は繰り下げる、とした方が、もし長生きしたときに確実に経済的には豊かな老後を送ることができます。

令和2年の年金制度改正で、繰り下げは75歳まですることができるようになりました。年金の受給開始年齢についての選択肢が広がったことになります。ご自身の老後設計に合わせて年金の受給開始の時期を自身の判断で選択する。そういう考え方もあるということを知っていただければと思います。

人生１００年時代の年金――「世代内」再分配を提案する

「人生１００年時代」の公的年金制度はどうあるべきか。マクロの公的年金制度はマクロ経済スライドの導入で長期的安定が確保できました。あとは、ミクロの年金保障、一人ひとりの年金額を確保していくために、基本は「できるだけ長く働ける社会をつくり、現役期間を長くしていく」ということになろうかと思います。

その上で、ミクロの年金保障に資する制度改革を確実に実行する。具体的には、正規・非正規の格差をなくし、できるだけ多くの被用者を被用者年金（厚生年金）に適用すること、公的年金の受給開始を自由選択制にすること、そして現役時代の貯蓄や私的年金・企業年金など自助努力を支援する仕組みを充実させていくこと。

これからの公的年金の制度設計は、こういうことを考えながら進めていくことが必要だと私は考えています。

公的年金制度について、最後にもう一点、考えていただきたいことがあります。それは、高齢者の「世代内での所得再分配」です。

高齢者の所得格差は非常に大きいのが実態です。資産格差はさらに大きい。現役時代を順風満帆に過ごしてきた人や事業で成功を収めた人と、失業したり大病を患ったりと様々な理由で上手くいかなかった人とでは、高齢期に大きな所得や資産の格差が生まれます。そうした実態を踏まえれば、従来の現役世代が高齢世代を支える年金制度だけでなく、高齢者の間での助け合い、高齢世代内での所得再分配の仕掛けも考える必要があると思います。

補論1　経済変動と年金財政

最初に、現在の公的年金制度の基本構造を確認しておきます。日本の公的年金制度は、基本的に賦課方式で運営されています。ただし、一定の積立金を保有し、元本と運用益を計画的に活用して給付に充てているため、修正積立方式と呼ぶ人もいます。呼び方は重要ではありません。賦課方式を基本に、積立金で補完しているのが現在の公的年金の姿です。

年金財政の収支は経済変動の影響を受けない

公的年金制度の基本構造を踏まえた上で、財政収支について整理してみます。

まず、収入です。

収入は、保険料と国庫負担、積立金（の運用益）で構成されています。言うまでもなく、基本は保険料です。その額は、被保険者である現役世代の賃金と保険料率の積の総和、すなわち「現役世代の生み出した付加価値の一定割合」です。

本論に記した通り、２００４年改正で厚生年金保険料率の上限を決め２０１７年に保険料率は上限に達したため、今後の保険料収入は、現役世代の賃金の増減に応じて推移していきます。他方、国民年金の保険料は定額で、改正により２００４年から２０１８年まで毎年２６０円ずつ引き上げられてきました。今後は、名目賃金の変動率に応じて改定されるため、こちらも賃金に応じて推移していくことになります。

現役世代の賃金は、長期的には経済成長率に規定されますから、成長に応じて公的年金の収入も増えますが、成長しなければそれなりにしか伸びません。

つまり、公的年金財政の基本である保険料収入は、経済成長に応じて賃金にスライドして推移していくということです。

一方、国庫負担は「基礎年金給付の１／２」と規定されています。つまり、給付の増減に応じて増減します。なので、国庫負担は年金財政の収支バランスに影響しません。支出が伸びればそれに応じて伸びていくからです。

積立金については後述します。

次に支出です。

公的年金の給付額は「現役時代の生涯賃金の平均」の一定割合と決まっています。日本の場合は基礎年金と合わせて現役時代の平均賃金の50％とされていて、これを「所得代替率」と呼んでいます。

「現役時代の生涯賃金の平均」を算定する際には「再評価」ということを行います。再評価というのは、過去の名目賃金を現在価格に置きなおすことです。簡単に言うと、過去の毎年の名目賃金を、それぞれの期間に応じて、現在までの賃金の平均上昇率を勘案して現在価格に置き直す、ということです。つまり、公的年金の給付算定の基礎となる現役時代の生涯賃金の平均（平均標準報酬月額、と言います）は、給付額を決定する（新規裁定と言います）ときに賃金スライドをさせている、ということです。

国民年金の場合も新規裁定時に賃金スライドして給付額が決定されます。

そして給付が開始されている年金（既裁定年金、と言います）は、毎年の物価の変動に合わせて給付額が改定されます。これが物価スライドです。これによって、平均賃金の変動や物価の変動などの経済変動があっても、公的年金の実質的な給付水準は確保されるわけです。

すなわち、公的年金の支出もまた、基本的には賃金（と物価）の変動に応じて伸びていく、ということになります。

したがって、もし人口構成が定常状態ならば、公的年金財政は収入・支出ともに賃金の伸び、すなわち経済成長に応じて動いていくことになります。経済成長して賃金・物価が上昇すればそれに合わせ、停滞していればそれなりに、収入も支出も変動する、つまり経済変動があっても公的年金財政は影響を受けないということになります。

最後に収入の一部を構成する積立金です。

前述の通り、支出（給付）は賃金・物価に応じて変動しますから、基本的には賃金上昇率（＝長期的には経済成長率）に応じた運用益があれば、年金財政の収支バランスは保たれます。財政検証で予定運用利回りをセットする際に、名目の運用利回り（絶対値）ではなく、「賃金上昇率＋スプレッド（実質運用利回り）」と設定するのは、そのためです。

さらに、長期金利＝運用利回りは、長期的にはその国の経済成長率に規定されますから、その国の経済成長に見合った運用を行ってさえいれば、必要な運用利回りは確保できることになります。

なので、公的年金資金の運用にあたっては、法律で「専ら被保険者の利益のため」に、「一般に認められている専門的な知見並びに内外の経済動向を考慮」し、「長期的な観点」から、「安全かつ効率的な運用」を行う、と規定されているのです。

積立金活用とマクロ経済スライドは人口構成の変化に対応するための仕組み

賦課方式を採用し、経済変動に合わせて実質的な年金給付水準を確保できるように設計されているのが公的年金制度です。そのため、インフレになっても、大きな経済変動があっても、ミクロの給付水準を確保しながら、マクロの財政バランスが確保できているわけです。これが公的年金制度の最大の強みであり、すべての年金加入者の財産でもあります。

人口構成が「定常状態」であれば以上で説明終了、年金財政は安泰です。

しかし、実際には、日本は人口高齢化と減少の波にさらされており、「定常」状態にありません。換言すると、今後20年間、２０４０年までは現役世代の人口が減り、引退世代の人口が増加するという状況が続くため、人口構成の変化に対応した仕組みを別途導入しないと、公的年金財政の長期的収支バランスは維持できません。

そのための仕組みが、収入面での積立金の活用であり、支出面での「マクロ経済スライド」です。

人口構成の変化による年金財政への影響を、この二つの手法を使ってクリアしているのです。

補論2　積立金の運用の基本哲学

高利運用して運用益をたくさん稼げばその分公的年金財政は楽になるのだから、もっと積極的に資金運用をすべきではないか、という議論があります。

確かに運用益をたくさん稼げばそれに越したことはないのですが、そもそも長期金利は基本的にはその国の経済成長率に規定されるので、１７０兆円もの巨額の年金積立金をその国の市場の経済の実力（＝経済成長率）を大きく上回って長期にわたって高利回りで運用し続ける、というのは困難です。運用のコストもリスクも大きくなります。

しかも、公的年金財政の収支は単年度で考えるのではなく、超長期（人の一生の長さ分、現在の財政検証で言えば概ね１００年間）を通じてバランスさせなければならないので、現在の日本の人口構成の長期的な変動を踏まえれば、最終的には積立金は原資・運用益ともに取り崩して給付に充てることになります。

そうなると、一方で段階的に積立金の取り崩しを計画的に行いながら、それに見合う原資（元本＋運用益）を長期的に確保する、という一種の「動態均衡」を図りながらの運用ということをしていくことになります。

そこで、経済変動や長期的な経済の見通しを踏まえて複数の経済前提を置いた財政検証を行い、長期的な公的年金の収支バランスを考えて設定しているのが、スプレッド（前回の財政検証では＋１・７％）ということになるのです。

現在、公的年金資金の運用は、賃金上昇率＋１・７％の運用利回りを目標に基本ポートフォリオを組んでいます。補論1でもお話ししたように、年金財政の観点からは必要にして十分な水準であり、年金資金を運用しているＧＰＩＦ（年金積立金管理運用独立行政法人）発足以降の公的年金資金の運用実績は、過去の財政検証で前提とした運用利回り（スプレッド）を大きく上回っていますから、ＧＰＩＦは十分その役割を果たしています。

積立金の「運用先」をめぐる議論

これはいつの時代にも出てくる議論なのですが、当面の経済対策や歳入不足に対応するために積立金を取り崩して活用すべき、成長戦略・経済活性化のために公的資金でリスクマネーを提供すべき、国の財政は厳しいのだから今ある巨額の積立金を活用すればいいではないか、という議論があります。

例えば、数年前、ＧＰＩＦ改革が議論されている頃、とある経済関係のフォーラムに、こんな投稿がありました。

「……肝に銘じたいのは、マクロでは、貯蓄は債権債務の関係でしかない。年金の積立金も言ってみれば年金財政の「貯蓄」だ。……次世代に札束を渡しても意味はなく、引き継げるのは「実体経済」である。そして豊かさは、供給力で決まる。したがって、少子化を緩和し、教育を施して、人的資本を増強するとともに、設備投資を進め、研究開発を促進して物的資本を積み上げることが必要である。それがファーストであり、極端なことを言えば、それができるのなら、積立金や財政赤字がどうなろうと関係ない。」

「むろん、積立金が十分にあったり、財政赤字が穏当な方が望ましいのは言うまでもない。巨額の公的債務というのは、財やサービスに対する「請求権」の偏在を示し、大きくなるほどコントロールは難しくなる。だが、できれば、次世代に面倒はかけたくないが、人的・物的資本の蓄積を犠牲にしてまでするほどのものではない。

ならば、年金積立金を取り崩してでも、乳幼児への給付を拡大したり、非正規への適用拡大に必要な保険料の軽減に充てたりすべきである。それが少子化を緩和し、非正規の能力を高め、将来の供給力を強める。万一、積立金の消耗で終わったとしても、それで低めの年金になるのは、支援を受けた世代であるから、諦めもつくというものだ。」

結論から言うと、私はこの議論には賛成できません。

「次世代に引き継げるのは札束ではなく実体経済」なのだから「少子化を緩和し、教育を施して、人的資本を増強するとともに、設備投資を進め、研究開発を促進して物的資本を積み上げることが必要」なことはその通りですし、「少子化を緩和し、非正規の能力を高め、将来の供給力を強めなければならない」こともその通りです。非正規労働者への適用拡大も然りです。

　しかし、そのために年金の積立金を取り崩してその財源に充てる、（人的資本投資ではなく企業の保険料負担の軽減に充てる、というのは、ちょっと筋が違うように思います。結局は将来世代の負担で現在の問題を解決していることに変わりはないのではないでしょうか。

　１９９７年の世界金融危機の際に、予定されていた年金保険料率の引き上げに経済界が反対し、保険料率の引き上げができずに何年間か凍結されたことがありました。この間の歳入不足は結局積立金の流用で対応することになり、その結果、積立金は目減りして、その影響は今でも残っています。

　昨今流行のＭＭＴ（現代貨幣理論）についても思うことですが、ポピュリズムにおもねり、政治家が飛びつくような聞こえのいい経済政策を提言する「政策を売り歩く人々」はいつの時代にもいます。

　しかも、政治のプロセスに、将来世代を代弁する人は登場しません。１７０兆円もの超巨額の資金の運用をこういうことを言う人たちに委ねたら何が起こるか分かりません。そうでなくても巨額の後代負担を残している私たちの世代が、将来の給付財源の一部である積立金を目の前の対策のために「費消」してしまうような愚は決してしてはいけないと私は考えています。

読者の皆さんは、どのようにお考えになりますか。

第4章

医療・介護改革は避けて通れない

1 社会が高齢化すれば医療・介護費は増大する

医療・介護費の対GDP比は増大

年金と異なり、医療・介護費の対GDP比は、今後も引き続き増大していきます。その要因は、一つはさらなる高齢化の進行、ことに後期高齢者数の増大であり、もう一つは医療技術の進歩＝医療の高度化による費用の増大です。

ちょっと考えていただければ理解できると思いますが、「高齢化・高齢人口の増大」と一人ひとりの「寿命の伸長」は実は同じことです。高齢者が増えるというのは、つまりみんなが長生きするようになるということですから。

社会の高齢化で医療介護費が増大する、というのは、寿命が伸びれば生涯医療介護費（＝正確に言えば医療介護ニーズ）が増大するからです。

ニーズに応えない、つまり社会の豊かさにふさわしい医療を行わない、と言うのなら話は別ですが、先進国にふさわしい医療を行うとする限り、寿命が伸びれば生涯医療費は増大します。

これは良い悪いの話ではありません。前提とすべき事実です。

日本人の平均寿命がこれほど延伸した要因は、経済成長による生活水準・衛生水準の向上、そして医療サービスの普及と医療技術の進歩です。

皆保険で全国民が医療を受けられるようになった。医療技術の進歩で治せなかった病気が治せるようになった。諦めていた患者の命が長らえるようになった。医療サービスや公衆衛生・栄養水準を向上させ国民に適切なサービスを提供してきたからこそ寿命が延び、高齢社会が実現できた、という歴史の事実を忘れてはいけません。

図表4－1は年齢階級別の医療（入院）・介護利用率と費用の図表です。

加齢とともに要医療・要介護者の割合は上がり、85歳を過ぎれば半数が要医療・要介護にな

図表４－１　高齢期の医療・介護サービス利用割合及び費用構成（年齢階級別）

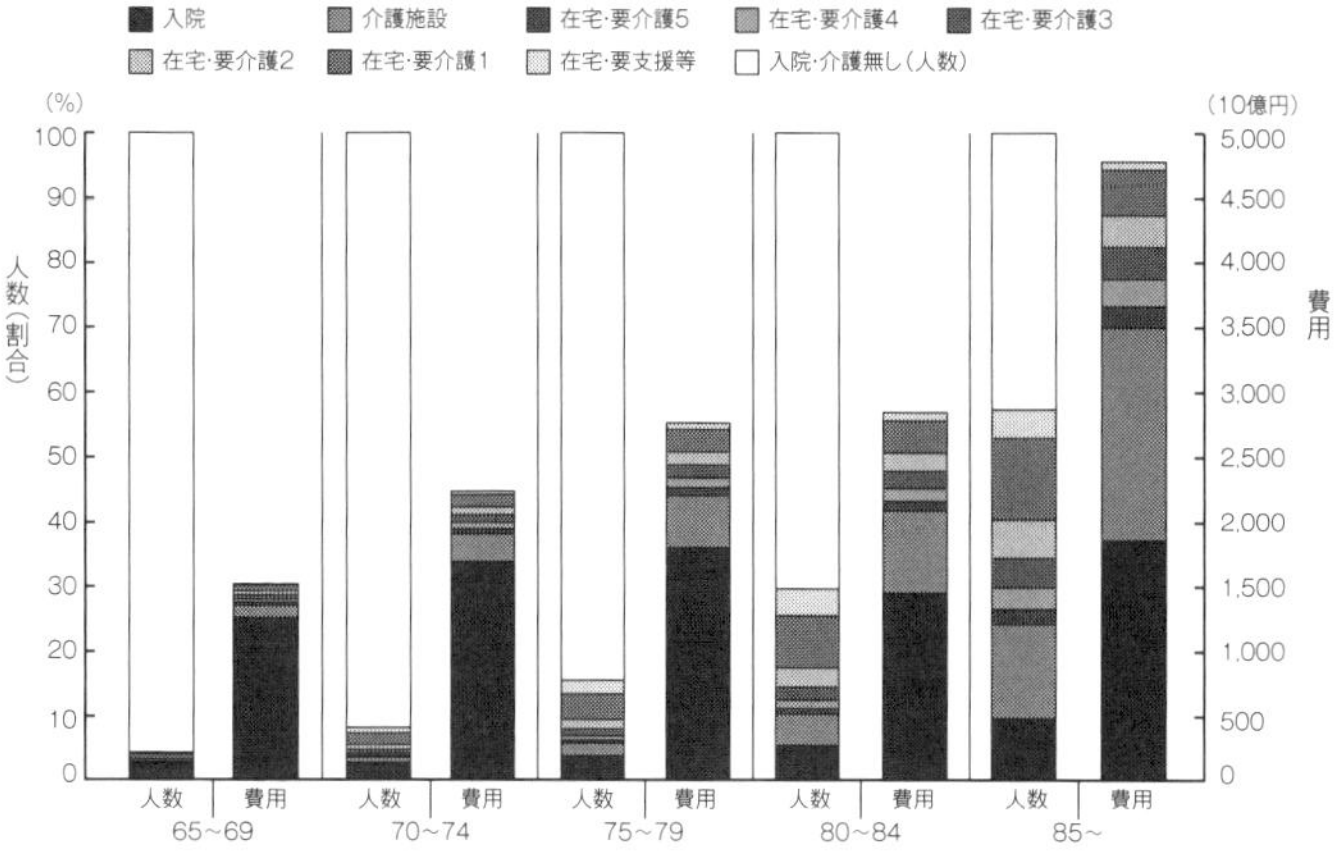

（出所）各種統計資料より筆者作成

り、その費用も増大していきます。年金の給付額は歳をとっても変わりませんが、医療・介護は「高齢者の高齢化」が進めば加速度的に費用が増えていきます。

つまり、医療や介護は「実需＝実体ニーズ」であり、寿命が伸びればそれに見合って増大していくということです。

もちろん、「ニーズにどう応えてどんな医療を提供するか」で費用は変わりますし、介護のような長期ケアについては予後の予測を的確に行って要介護度の低下の進行をできる限り遅らせる、自立につながるケアを行う、という形で、無駄なサービスや非効率なサービスを減らしていく、という意味での「医療・介護費の適正化」は進めていかなければなりませんが、それをすれば大きな医療・介護費のトレンドが変えられる、というわけにはいかないのです。

規制緩和、制限医療の導入は医療・介護費抑制に寄与しない

このことを理解すれば、医療・介護費の抑制策をめぐる様々な議論は、多くの場合正鵠を射ていないことが分かります。

例えば、増え続ける医療費抑制策として、規制緩和＝民営化（効率化）、公的保険でカバーする範囲の制限、自由診療の拡大、混合医療の導入などによって医療費を抑制すべき、という議論があります。

しかしながら、制限医療や混合医療を導入して医療部門の公的保障の範囲を狭めたとしても、医療や介護のニーズが消えてなくなるわけではありません。減少するのは「公的医療費」であって、公的保険でカバーしなくなった医療ニーズは、「必要な医療が受けられない」という形で人々が命と体で代償を支払うか、民間部門のサービスでカバーすることになるだけで、「総医療費＝社会全体のコスト」が減少するわけではありません。

１９９０年代から２０００年代に、急速な高齢化が進む中で日本は世界で最も医療費抑制政策に成功した国と言われました。公的介護保険を創設して「長期ケア」の受け皿を作り「社会的入院」を減らしたこと、ほぼすべての医療・介護サービスを公的にカバーしつつ、診療報酬と介護報酬を公定価格にして価格を規制したことなどが、それに寄与しました。

なまじ規制緩和などで民間保険や自由価格を導入すれば、医療や介護が階層消費化して社会保障としての機能が弱まる一方で、総医療・介護費はコントロールできなくなって社会全体での医療・介護コストは跳ね上がります。アメリカがいい例です。

予防は医療費抑制にはつながらない

「予防で医療・介護費を減らそう」「健康寿命を伸ばして医療・介護費を減らそう」という発想にも無理があります。個々人の幸福にとって、健康意識を高めて病気を予防することは大切ですが、残念ながら「予防で医療費は減らせない」というのは医療経済研究の共通の知見であり常識です。

「健康寿命が伸びれば医療にかかる人が減って医療費が減るはず」と思うかもしれませんが、

図表4－2　健康寿命と平均寿命の推移

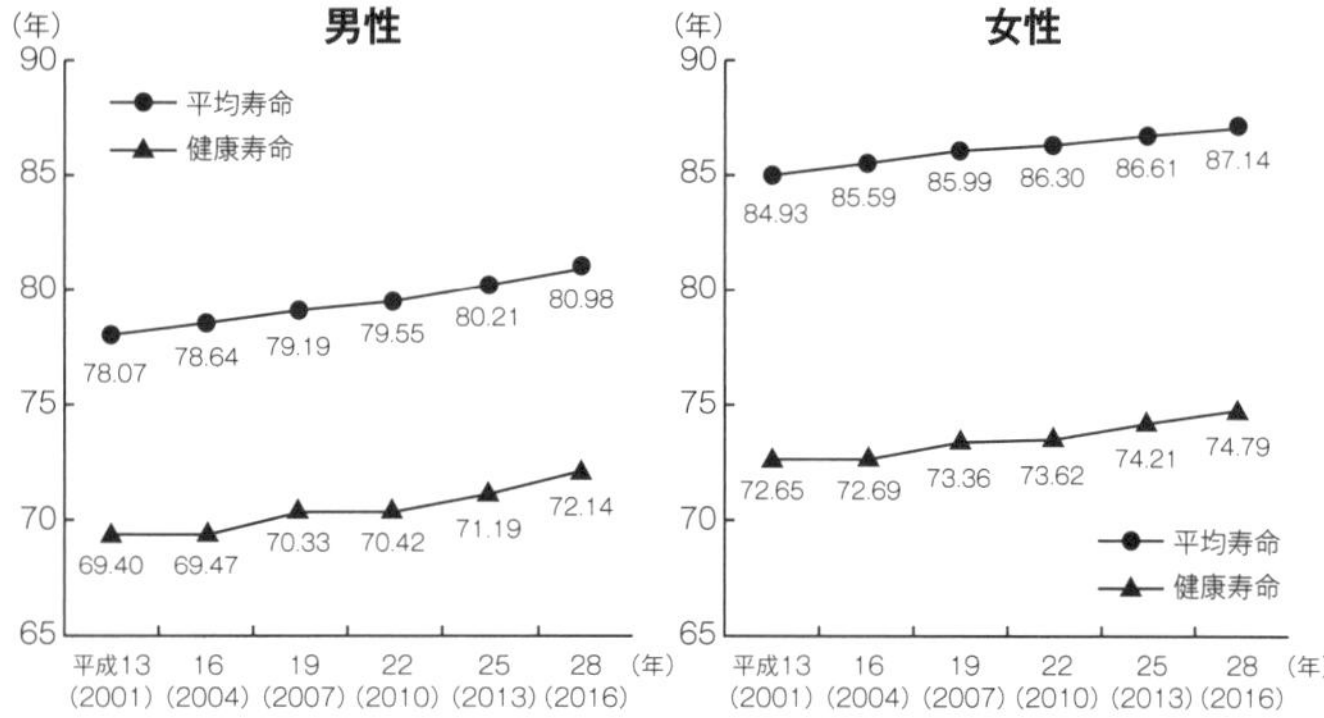

（出所）平均寿命：平成 13・16・19・25・28 年は、厚生労働省「簡易生命表」、平成 22 年は「完全生命表」
健康寿命：平成 13・16・19・22 年は、厚生労働科学研究費補助金「健康寿命における将来予測と生活習慣病対策の費用対効果に関する研究」、平成 25・28 年は「第 11 回健康日本 21（第二次）推進専門委員会資料」

健康寿命の伸長と平均寿命の伸長はパラレルに進行しています。つまり、「健康寿命を伸ばす」というのは「老化のスピードを遅らせる」（「今の80歳は昔の65歳の若さ」）ということなので、「健康寿命の伸長→生涯医療費の削減」というわけにはいかないのです。

平均寿命と健康寿命の差は男性で約9年、女性で約12年。この数値は過去15年ほとんど変化はありません。

例えば禁煙対策。多くの医療経済学や公衆衛生学の研究では、禁煙は短期的には医療費を下げますが、長期的には余命延長により生涯医療費を増加させることが確認されています。

生活習慣病対策もそれで生涯医療費

を減らせるか、という意味では基本的には同じです。「健康は個人の責任であり、個人の努力で医療費は減らせるし、減らす努力をすべきだ」という思考は、多くの生活習慣病には社会環境など多くの外的要因が複雑に関係しているという医学的知見を無視ないし軽視した議論です。

　実際の世界各国の政策レベルでも、短期的にはともかく、予防で長期的に医療費を減らすことに成功した例は見当たりません。大半の予防医療は長期的には医療費や介護費を増大させる可能性の方が高く、予防医療のコストも考慮すると社会的費用は確実に増大します。

　具体例も示しましょう。２００６年に厚生労働省は「医療制度構造改革」を掲げ、「生活習慣病予防により２０２５年までに年間２兆円の医療費を抑制」するという目標を打ち出しました。まだ、２０２５年は来ていませんが、結果は、「医療費抑制」という意味ではまったく達成できていません。言葉はきついですが惨憺たるものです。特定健診と特定保健指導を柱とする生活習慣病対策の年間医療費抑制効果額は、目標受診率などが達成されていると仮定しても２００億円、うち国費は50億円です。年間２兆円抑制目標の１％に過ぎません。

　一方で特定健診・保健指導実施のための国費の予算額は毎年約２３０億円です。予防対策の予算が予防効果を上回っているのが実情です。国費に限ると、２３０億円を投入して50億円の抑制効果しか上がらなかったということです。

予防はＱＯＬ向上のため

そもそも、予防や健康寿命の伸長とは一人ひとりのＱＯＬ（クオリティ・オブ・ライフ）向上のための施策です。健康で過ごすことの価値や、その人が果たす社会への貢献（就労はもちろん、経済では測れない社会的付加価値の創造）は、まさに「お金では計ることのできない」価値です。それは、コストをかけてでも推進すべき「価値創造」の施策であり、目先の医療費の削減や健康サービスの産業化といった文脈で議論するのは、この政策の本来の意義を大きく損なう心得違いの政策論です。

同じことは終末期医療の議論についても言えます。

余命いくばくもない患者に無駄に医療が提供されている、死ぬ前の数日で膨大な医療費を使った、と個別事例を言挙げして議論する論者がいるようですが、そもそも終末期をどう定義するのか、そこで提供されている医療の意味（例えば緩和医療をどう考えるのかなど）を理解した上で議論しているのかいささか怪しいですし、そもそも死亡1ヶ月前の医療費をすべて足し上げても約1兆円、国民医療費総額の3％に過ぎません。

終末期医療の問題はもちろんとても重要で、きちんと議論しなければなりません。しかしこの問題は生命観・倫理観に関わる問題であり、決して医療費抑制で議論していいような問題ではありません。

わずか3%のことで、人の命を秤にかけるような議論を展開するのはとても危険です。この議論の行き着く先に何があるか、80年前、ナチス統治下のドイツで実際に起こった凄惨な歴史――「T4作戦」（不治の患者や遺伝病患者、心身障害者などを組織的に抹殺する「安楽死殺害政策」。この政策がのちのユダヤ人ホロコーストにつながっていきました）――のことを学んでほしいと思います。

当たり前のことですが、人間、最後は死にます。これだけ医療の進歩したこの国では、大事故で即死でもしない限り死ぬ前には必ず一定の（それも決して短くない）「要医療・要介護期間」があります。

私たちが21世紀を前に介護保険を作った理由は、高齢社会の介護が「看取りの介護」から「生活を支える介護」「誰もが直面する介護」になったからです。

ピンピンコロリは個人には理想なのでしょうが、マクロで見ればそうはいかないのです。個別のエピソード――こんな事例があった、こんな人がこう言った――というのと、政策立案のベースとなるマクロの社会的事実は同じではないのです。

2

医療・介護提供体制の改革
――限られた人的・物的資源で医療・介護ニーズに効率的に応える

需要を抑え込むのではなく、提供サイドを改革する

人口の高齢化に伴う介護・医療費の増加は避けられない、と言っても、それを支える社会資源（人的・物的リソース）は有限です。

長寿社会の医療・介護政策には発想の転換が必要です。

無理に需要を抑え込んだり、公的保障の枠外に出すのではなく、限られた人的・物的リソースで、医療・介護の本来機能を損なうことなく、いかにしてニーズの増大を受け止め、そうすることで社会的コストを最適化するか。

すなわち、提供サイドの改革、という発想が必要になります。

新型コロナウイルスのパンデミックで多くの人々が知ることになりましたが、元々、日本の医療現場はギリギリの体制で支えられています。

かつてアメリカに皆保険体制を構築しようと医療改革に挑戦したヒラリー・クリントン（当時上院議員、この改革は「クリントン改革」と呼ばれていました）が、日本の医療体制を視察しに来日しました。帰国後、彼女はこうコメントしました。

「日本の皆保険体制は極めて効率的で素晴らしい制度だ。しかし、このようなシステムはアメリカ合衆国ではつくることはできないだろう。なぜならば、日本のシステムは、医師・看護師をはじめ、医療従事者たちの聖職者さながらの自己犠牲的労働によって成り立っているからだ。」

国土交通省の友人に教えてもらったのですが、公共インフラなどを整備する国土計画の世界では、計画を策定する際には、一部施設の破壊・機能不全が全体の機能不全につながらないように、予め予備のシステムや施設の多重化など、予備の手段を用意しておくそうです。これを「リダンダンシー（redundancy）」と言い、言葉の元々の意味は「余剰」とか「余分なもの」ということだそうです。

医療や介護の世界には、残念ながらこの概念はありませんし、実際の現場でも――少なくとも人的資源に関しては――そんな余裕はありません。医師や看護師の過重労働は常態化しています。にもかかわらず、全体としては効率的なサービス提供が実現できているとは言えない状態です。

図表4－3　医療・介護サービスの機能再編

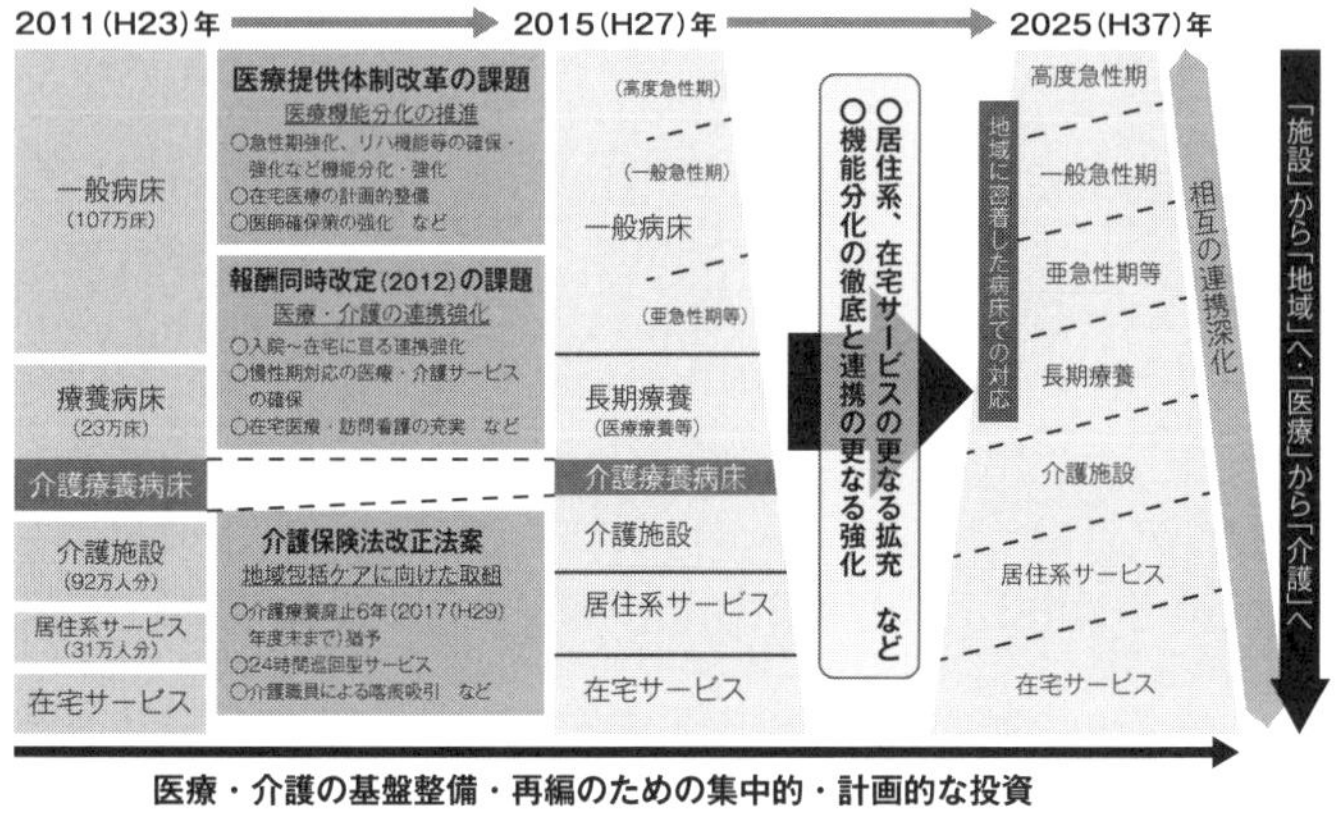

（出所）社会保障審議会医療部会

誤解を恐れずに言えば、今の日本の医療・介護提供体制は「戦力の逐次投入」と「有限資源の薄まき」の状態に陥っています。このままでは増大する医療・介護ニーズを支えることは難しい。そのような状況を打開するには、限りある人的・物的資源の効率的利用という観点から思い切った「選択と集中」「人的・物的資源の再配分」が必要です。

具体的には、疾病構造や患者像の変化に合わせ、病院病床の機能分化を進め最適化すること、機能に応じた医療資源の再配分をすること、そしてその上で医療と介護を――建前ではなく本当に――連続的・一体的に提供できる体制――地域包括ケア・ネットワークを各地域で構築する、ということです。

人口高齢化が進んでいる今の日本では、患者の疾病構造は、急性疾患から慢性疾患へと大きく変化しています。他方で、現状の医療提供体制は急性疾患への対応に主眼を置いた体制のままで、そうした患者像の変化、医療ニーズの変化・多様化に十分適応できていません。

日本には一般病床と呼ばれている急性期の患者の入院を想定した病床が約１００万床、療養病床と呼ばれる長期に療養を要する患者を受け入れる病床が約30万床ありますが、今や一般病床でも入院患者の7割は65歳以上、５割が75歳以上になっています。一般病院に入院してくる高齢の急性期患者の多くは転倒骨折、誤嚥性肺炎、急性増悪が原因ですが、そういった高齢患者の多くは同時に何らかの基礎疾患を持っている、つまり、慢性疾患と付き合いながら生活している患者ですから、今や一般病院にもたくさんの慢性期の患者が入院しているわけです。

高齢化が進んでいる日本の現実の患者の疾病構造は、慢性医療、長期に療養を必要とするような疾患にシフトしてきているのに、病院の方は患者の疾病構造の変化に対応した機能分化がなかなかできていない。どう考えても、一般病床１００万床、療養病床30万床というバランスは医療ニーズの実態に合っているとは言えません。

病院病床の機能とそこに入院している患者の医療ニーズが合っていない、ということは、人的・物的医療資源の配分が最適化されていない、ということですから、いわば医療資源の無駄使い、不効率利用ということになります。

考えてみましょう。世の中、需要（ニーズ）に合わせて供給（サービス）を見直すのは当たり前のことです。となれば、見直すべきは病院病床機能の方です。医療ニーズの変化に対応する形に病院病床の機能を見直し、機能分化を徹底して医療資源を再配分・再構成しなければ、限られた医療資源（人的・物的資源という意味のみならず、医療費財源という意味でも）でこれからの医療ニーズをカバーすることはできません。

さらに言えば、病床機能と入院患者の医療ニーズの不適合、という事態は、病床＝医療の機能不全・不効率を生んでいるだけでなく、入院している患者にとっても大きな不利益を生んでいます。

本来、急性期の患者を受け入れることを前提としている一般病床の療養環境は決して高くありません。6人部屋が普通ですし一人当たりの面積も4・3平方メートル（2001年の法律改正で6・4平方メートル以上とされましたが、それ以前に開設された病床は旧来の基準である4・3平方メートルのままでいいことになっています）しかありません。もともと長期の入院を想定していないからです。

（ちなみに療養病床は一人当たり6・4平方メートル。特別養護老人ホームは4人部屋でも一人10・65平方メートルありますし、個室ユニット型ホームであれば13・2平方メートルです。

他にもトイレや浴室、食堂、談話室など、設備に大きな違いがあります）。

療養環境が整っていない一般病床に長期にわたって慢性疾患を持つ患者が入院すれば、どんどん虚弱化して自立度が下がってしまいます。長期入院で要介護度が悪化し寝たきりを生む、というのはかつての老人病院と同じ構図です。

病院（病床）の機能分化を徹底し、役割分担を明確にして重層的な医療体制にしていく。急性疾患に対応する急性期病院、回復期の患者に対応する病院、長期の療養を要する患者に対応する療養病院、慢性疾患を抱える通院患者を支え、在宅医療を担う開業医を支える地域の病院などに病院機能の分化を徹底させてそれぞれの役割分担を明確にした上で、切れ目のないネットワークを構築する。一つの病院ですべての機能を抱え込むのではなく、地域の医療資源全体で必要な医療ニーズをカバーする体制をつくる。

言ってみれば病院完結型ではなく地域完結型の医療体制への改革、ということです。

「地域医療構想」の策定

厚労省は、２０１５年（平成27年）に法律改正を行い、病院の機能を大きく４つに分類し、

図表4－4　地域医療構想

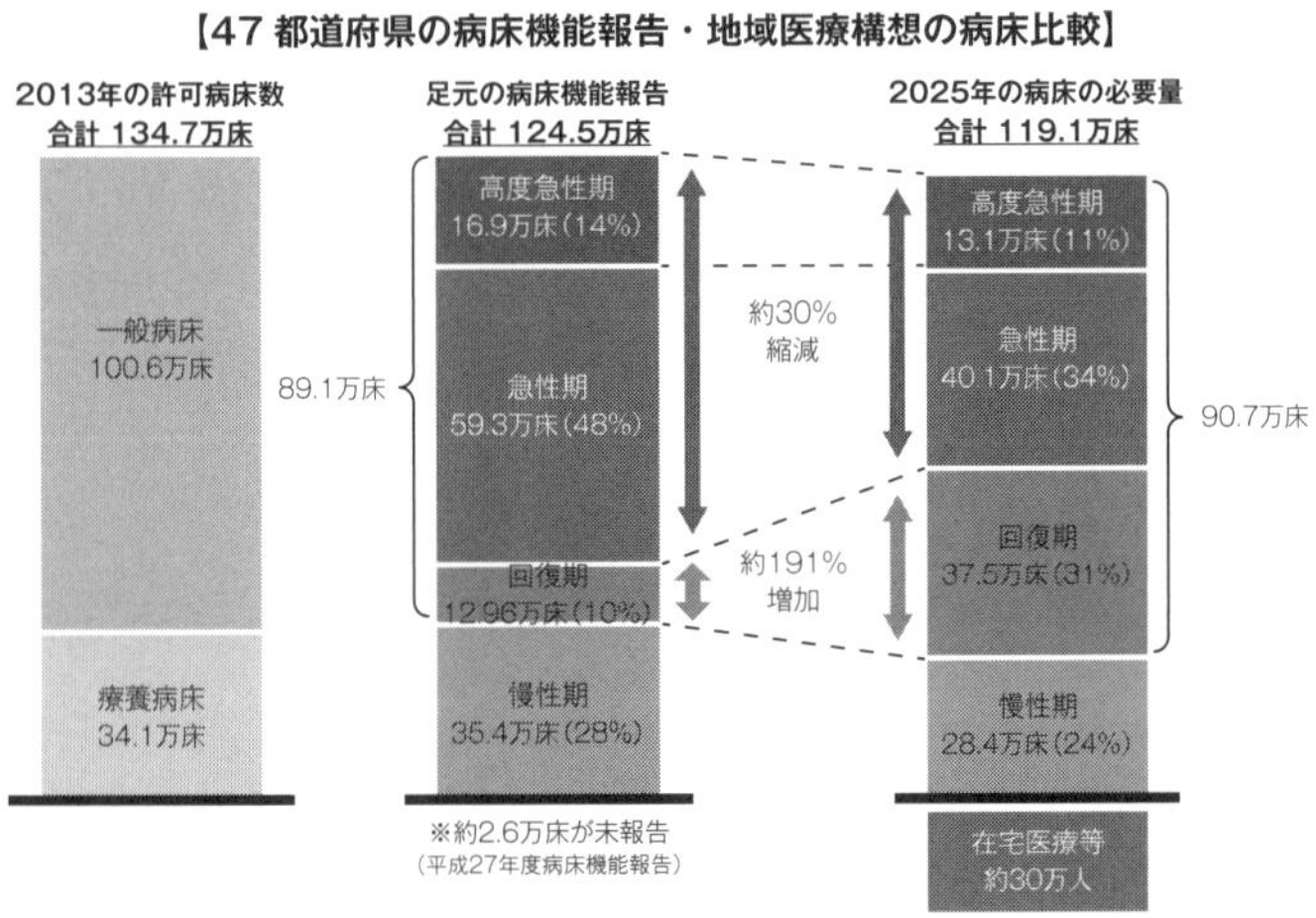

（出所）社会保障審議会医療部会

各都道府県で「地域医療構想」を策定して、将来の医療ニーズに対応し病院病床の機能分化を進めていくことを定めました。

　これに基づいて、各医療機関が自分の病院の機能を報告し、集計したのが図表4－4です。

　これを見ると、医療機関側の自己申告と、各都道府県が推計している病院機能別の必要病床数（つまりは患者の状態像から算出した医療ニーズ）にはまだ大きなズレがあることが分かります。しかしながら、先ほどお話ししたように、一般病院の入院患者の多くは高齢の慢性疾患（慢性疾患を基礎疾患に持っている）患者、というのが実態ですし、これから増えていくのもそういう医療ニーズを持った患者です。

日本の病院は大多数が民間病院です。歴史的経緯から、日本の医療は民間病院が中心的な役割を果たしています。民間病院ですから、病床は個人（法人）の資産ですし、経営のリスクも自身で負っています。明日から「あなたの病院は回復期病院になってください」と言われてもすぐに「はいそうですか」というわけにはいきません。

病床の機能分化の話は、病院経営に直結する問題ですから、医療法上の規制や計画だけでは実現できません。診療報酬など財政面、経営面からの対応も必要になりますから、言うは易く実現していくには時間と労力が必要です。とはいえ私たちに残されている時間はそれほどありません。

すべては患者家族のため、という医療の原点に立ち戻って、行政も医療関係者も努力して欲しいと思います。

機能分化、選択と集中、そして医療資源の再配分、という課題は、日本の医療提供体制の特徴として多くの専門家が指摘する、病床数の多さと平均在院日数の長さ、という問題にも大きく関係しています。

日本の医療提供体制の特徴とされている病床数の多さと平均在院日数の長さには共通の背景があります。それは、日本の病院に配置されている医師や看護師、医療スタッフの人数が非常

図表4－5　医療提供体制の各国比較（2018年）

	平均在院日数	人口千人当たり病床数	病床百床当たり臨床医師数	人口千人当たり臨床医師数	病床百床当たり臨床看護職員数	人口千人当たり臨床看護職員数
日本	27.8 (16.1)	13.0	19.2	2.5	90.6	11.8
ドイツ	8.9 (7.5)	8.0	53.1	4.3	164.0	13.2
フランス	8.8 (5.4)	5.9	53.7	3.2	*182.6	*10.8
イギリス	6.8 (5.9)	2.5	113.8	2.8	311.7	7.8
アメリカ	6.1 (5.5)	2.9	91.2	2.6	*410.8	*11.9

（注）1. ＊は、実際に臨床に当たる職員に加え、研究機関等で勤務する職員を含む。
2. ドイツ、アメリカの平均在院日数、人口千人当たり病床数、病床百床当たり臨床医師数、臨床看護職員数は2017年のデータ。
3. 病床百床当たり臨床医師数、臨床看護職員数は、総臨床医師数、総臨床看護職員数を病床数で除して100倍して求めたもの。
4. 平均在院日数の括弧書きは、急性期病床（日本は一般病床）における平均在院日数。
（出所）OECD Health Statistics 2020より作成

に少ない、ということです。

人口当たりのベッド数は欧米の3倍から5倍、他方ベッド当たりの医療スタッフの数は医師で3分の1から5分の1、看護師でも2分の1から5分の1というレベルです（図表4－5、図表4－6）。人手が少なければ、短期集中の医療ができないので、入院期間が長くなります。入院期間が長い、ということは一つのベッドで治療できる患者の数は少なくなりますから、病床はたくさん必要になります。入院期間が長くなればそれだ

図表4－6　病床当たり医師数の推移　国際比較

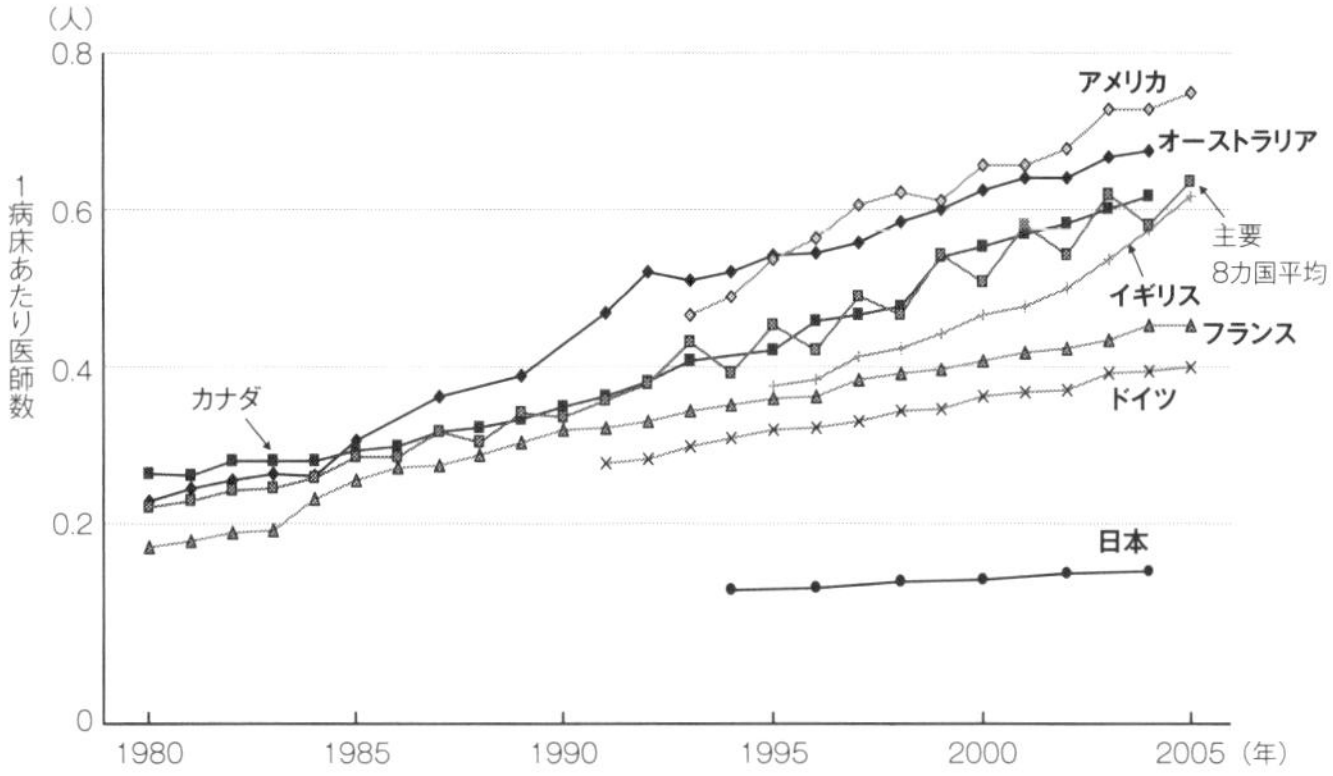

病床数：Total hospital beds、医師数：Practicing physicians
（出所）OECD Health Data 2007より作成
（東北大学大学院医学系研究科医療管理学分野　濃沼信夫教授作成資料）

け医療費もかかりますし、患者さんの社会生活復帰も遅れます。医師や看護師があれだけ長時間労働をし、必死で働いているのに「非効率」「ムダが多い」と言われるのは、実はこの「人的資源の薄さ」にあるのです。

平均入院日数と病院のスタッフ配置はきれいな逆相関のカーブを描きます（図表4－7）。要するに人的資源の集中投入、まさに「選択と集中」をしなければこの問題は解決できないのです。

図表4－7　平均在院日数と病床当たり職員数の関係

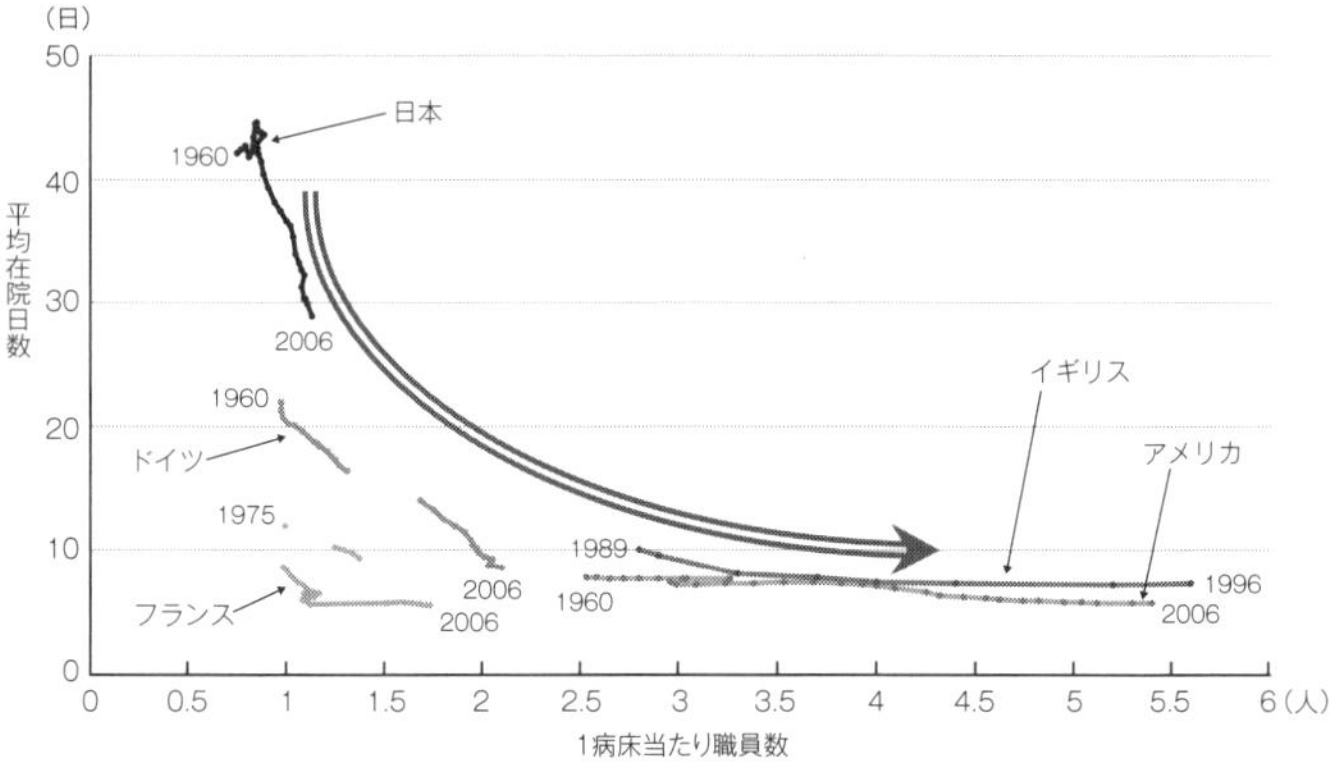

（注1）日本は一般病院の数値である。
（注2）諸外国はOECDの定義に基づく急性期医師　急性期病院にかかる数値である。
（出所）日本：「病院報告」厚生労働省、諸外国：OECD Health Data 2008

地域包括ケアという考え方

そこで、機能分化をきちんと行った上で、高度急性期を中心に医療資源を集中投入し入院機能を強化して入院期間を短くして早期退院を図る。病院の入院期間が短くなって効率化されれば病床数は少なくてすみますから、残りの病床を慢性期や回復期あるいは介護施設に転換することで、高齢社会の患者ニーズに対応した医療・介護体制をつくっていく。

医療も介護も、基本は患者利用者が地域や在宅で暮らしていけるように支援することです。機能分化と同時に、患者・利用者がサービスの谷間に落ちることがないよう、医療―介護、施設―在宅の連携を徹底できる包括的なネットワークをつくり、いわばゾーンディフェンスで患者・利用者を支える。

実は、このことが今ある医療・介護資源を最も効率的に活用することであり、一人一人のニーズに応じたサービスを提供する――つまり費用対効果を最大化する――ことにもつながるのです。

機能分化とともに取り組まなければいけない課題があります。それは、「連携」です。

高齢社会では、医療と介護を連続的・一体的に考える、という発想がとても重要になります。そのためには、それぞれの機能役割を明確にする――持ち場をきちんと守る――ことも大事ですが、同時にお互いに連携し、サービスに切れ目がないようにしなければなりません。

たとえて言うと、サッカーのような感じです。フォワード、ミッドフィルダー、バックスとそれぞれに役割分担、守備範囲がありますが、試合中はお互いに呼吸を合わせ、アイコンタクトをしながら臨機応変にピッチを動き、ディフェンスラインに「穴」がないようにする。小学生のサッカーのようにみんなでボールを追いかけるようなことをしていては、あっさりラインを割られてしまいます。

現状では、一般（急性期）病院、療養型病院、介護老人福祉施設、介護老人保健施設、有料老人ホーム、ケア付き住宅などの様々な在宅介護支援サービス、地域支援病院、在宅支援診療所など様々な医療・介護サービスがそれぞれに存在しています。

先に申し上げたように病院の機能は未分化ですし、医療と介護の連携も施設と在宅サービスの連携も、医療機関相互の連携さえも多くの地域で必ずしもうまくいっていません。退院しても行き場のない高齢者、せっかく在宅でいい支援を受けていたのに骨折で入院した途端在宅サービスのネットワークから切り離され、病院で虚弱化しそのまま施設入所になってしまう、そんな例はたくさんあります。

切れ目のないサービス、包括的な支援、必要なのはそういうことです。地域にある医療・介護のサービスをネットワークで結び、それぞれの機能に応じた役割をきちんと果たして、地域住民（患者・利用者）に必要なサービスを切れ目なく提供する。

機能分化と同時に、患者・利用者がサービスの谷間に落ちることがないよう、連携を徹底できる包括的なネットワークをつくっていく。

地域包括ケアとは、まさにこういったネットワークを、地域単位、具体的には日常生活圏域単位で構築する取り組みです。高齢化率が30％になろうとしている超高齢社会日本にとって必須の取り組みだと私は考えています。

地域包括ケア、という視点から考えると、地域には一体どんな医療サービスが必要になるでしょうか。

図表４－８　医療介護提供体制の将来像

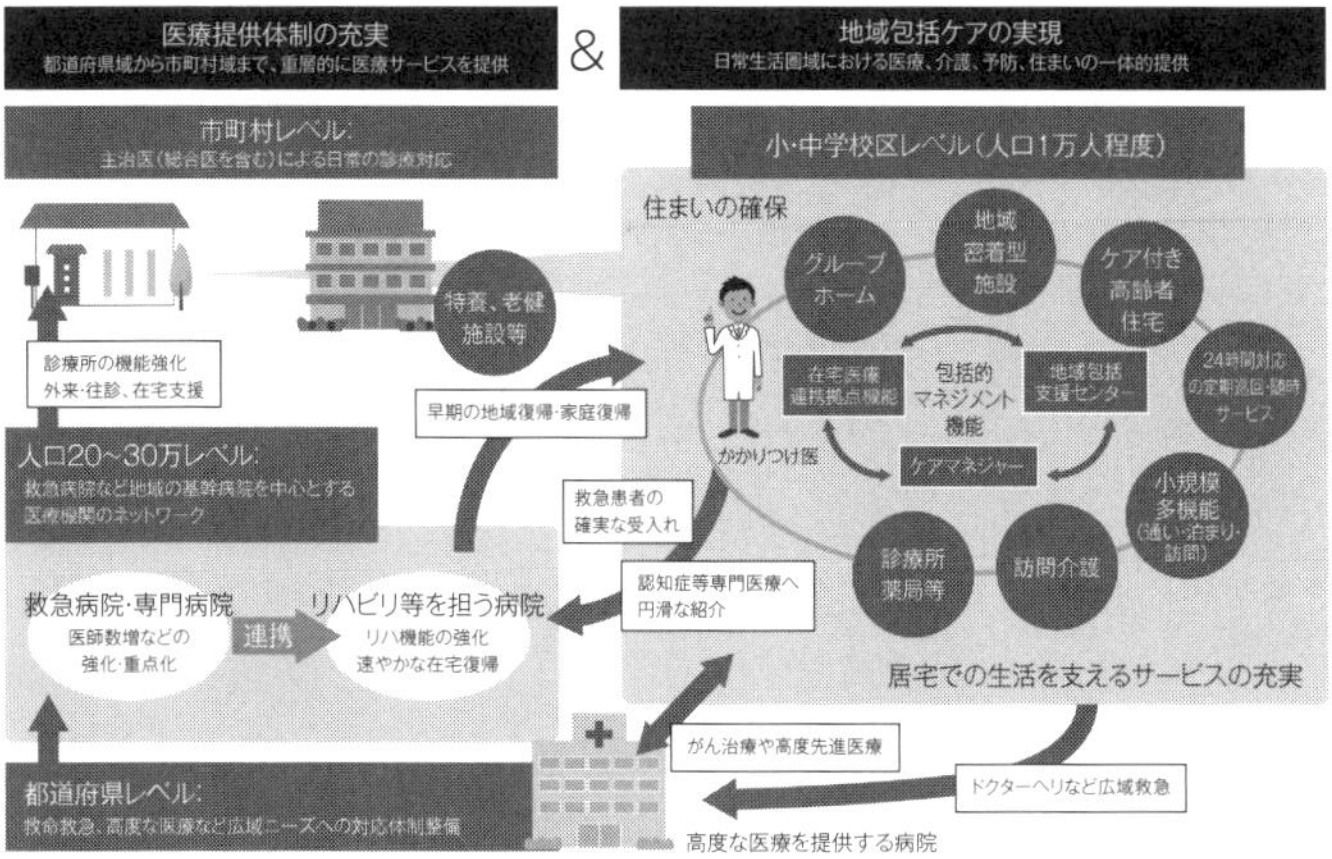

（出所）筆者作成

先ほどお話ししたように、超高齢社会日本では、今や一般病床でも入院患者の７割は65歳以上、５割が75歳以上です。外来患者も50％は高齢者です。救急車で運ばれる救急患者も、60％が高齢者です。

高齢者の多くはなんらかの基礎疾患を持っています。肺炎を起こしたり転倒骨折をしたりして入院する高齢者も、救急で運ばれてくる患者も、ほとんどは基礎疾患――慢性疾患――を持っていますから、言ってみれば「慢性疾患患者が急性期の患者として入院してくる」わけです。

さらに言えば、こういった高齢者は、地域（在宅）で介護サービスを利用し、日常的な医療を地域の開業医が担っています。つまり、地域の医療・介護ケア・ネットワークが生活を支えている人たちです。そうなると、地域に必要なのは、地域の医療・介護ケア・ネットワークと一体になって、何かあったときに患者を支えてくれる病院、ということになります。

この病院には、急性期の治療ができること、並行して基礎疾患——慢性疾患のケアもできることが求められます。日常的な医療を支えている地域の診療所や在宅介護を担っている事業者を支える後背病院として、必要なときには患者を受け入れて必要な治療を行い、再び地域・在宅に帰す。高齢者は入院が長引けばあっという間に虚弱化し自立度が下がっていきますから、できるだけ早く治療して早く地域に帰すことは非常に重要です。それが本人のためでもありますし、社会的なコストを最適化することでもあります。

地域に必要なのは、そういうことができる多機能型地域病院です。

早期に治療して早期に地域に帰すことができるためには、日頃から地域の医療介護ネットワークの中に入っていることが必要です。ネットワークを通じて患者の情報を共有することが患者に最適の医療を行うことにつながるからです。そしてそれ以上に、何よりも患者にとってもとても大事なことです。患者さんから見れば、地域で受けている医療介護サービスネットワークから切り離されることがない、途中でケアが途切れる、行き場がなくなる、なんてことが起こらないようにする、ということだからです。

図表4－9　地域包括ケアを支える病院機能

病床機能と病院が果たす機能の整理

<table>
<tr><th>病床の機能
※報告制度で議論されてきたもの</th><th>病院の類型</th><th>医療機能に付加して病院が持つべき機能</th><th colspan="2">診療報酬のイメージ</th></tr>
<tr><td>高度急性期</td><td>三次救急病院等</td><td>例：臨床研修機能</td><td colspan="2">診断群に応じた支払い
（DPC、機能評価）</td></tr>
<tr><td rowspan="2">急性期</td><td>急性期病院等</td><td>例：二次救急</td><td colspan="2">診断群に応じた支払い等
（DPC等）</td></tr>
<tr><td rowspan="2">地域医療・
介護支援病院</td><td rowspan="2">高齢者の救急受入れ、
在宅医療支援、
医療・介護連携、
ケアマネジメント支援</td><td>診断群に応じた支払い等
（DPC等）</td><td rowspan="2">＋機能強化</td></tr>
<tr><td rowspan="2">回復期</td><td>包括支払い</td></tr>
<tr><td>回復期リハ病院等</td><td></td><td colspan="2">包括支払い（＋リハ評価等）</td></tr>
<tr><td>慢性期</td><td>療養病床の病院等</td><td></td><td colspan="2">包括支払い（重症度評価等）</td></tr>
</table>

（出所）四病院団体協議会合同提言（追加提言）2013年より

日本医師会と四病院団体協議会（全日本病院協会、日本病院会、日本医療法人協会、日本精神科病院協会）は、2013年8月に「医療提供体制のあり方」に関する合同提言を取りまとめ、発表しました。その3か月後、この提言を受けて、四病院団体協議会が「～地域包括ケアシステム構築に向けて～」という追加提言を行いました。

その中で、地域包括ケアの推進のために、地域の医療・介護連携を支援する病院を地域ごとに整備することが必要、と述べ、「地域医療・介護支援病院」（仮称）の創設を提言しています（図表4－9）。

「地域医療・介護支援病院」は、急性期病床からの転院を受け入れ、在宅復帰を支援するとともに、在宅医・介護施設と連携して在宅患者・施設入所者等の急変を24時間体制で受け入れ、在宅療養を支援する。また、地域における医療・介護連携においてネットワーク構築、情報共有、多職種連携支援といった役割を果たす病院、とされています。

この提言の翌年、診療報酬体系の中に新たな病棟類型がつくられました。２０１４年（平成26年）に創設された「地域包括ケア病棟」です。

急性期病院からの転院や地域で療養している患者、介護施設で急性増悪した患者を受け入れ、必要な医療を提供して在宅に帰す。それが地域包括ケア病棟の役割です。

できたばかりの新しい類型ですが、２０１８年11月段階で、地域包括ケア病棟を持つ病院は全国に２３００あります。これからの超高齢社会で、地域において求められている医療の形として、この病棟が果たしうる役割に、私は注目しています。

補論３　「健康寿命」再論

厚生労働省の後輩からメールが届きました。

「確かに健康寿命が伸びても総医療費は減らないかもしれません。でも、健康寿命が伸びたことで、外来の受診率も下がったし、入院も減ったし、何よりも高齢者が健康になって働き続けることができるようになりました。いつまでも健康であることは大事なんですから、健康寿命を伸ばすことを政策目標に掲げるのって、間違ってないんじゃないですか……」

なるほど。健康であることは大事ですし、誰もが望むことです。「健康の維持増進」を厚生労働行政の大目標に掲げることに反対する人はいないだろうと思います。

けれど、目標の正しさは、手段、すなわち、政策の正しさを保証するものではありません。官僚の仕事は目標の正しさを議論することではなく、「目標実現のための手段」としての政策を論理的かつ実証的に議論し立案することです。

健康寿命は科学的ではない

本論で記述した通り、健康寿命の延伸は大切ですし、そのために予防医療に取り組むことは重要です。しかし、その目標は一人ひとりのＱＯＬを高めることであって、医療・介護費を削減したり、政府の財政負担を減らすためではありません。むしろ、予防や公衆衛生などに必要なコストを費やしてきたからこそ、人々の健康は維持・増進されてきたのです。

繰り返しますが、医療・介護費用適正化の文脈で健康寿命を語るのは間違いです。

そもそも、健康寿命とは曖昧な概念です。つまり、あまり科学的ではありません。

厚生労働省は健康寿命を「日常的・継続的な医療・介護に依存しないで、自分の心身で生命維持し、自立した生活ができる生存期間」と定義し、「自立して生活できる生存期間」は、アンケートの回答者が「健康であると自覚している」と回答した期間であり、その平均値、つまり、国民の平均健康寿命は、アンケートの回答を集計して算出することになっています。

健康寿命の算出の基礎となる「自立して生活できる生存期間」を本人の「自覚」によって計測するというのは、あまりに主観的です。そこに科学的根拠はありません。人々の健康に関する意識や関心が変われば、簡単に動いてしまう数字です。質問の仕方によっても回答は容易に変わるし、意地悪な言い方をすると、簡単に操作可能な数字であるとも言えます。例えば、健康第一の人が増えてジム通いが流行すれば、自分が健康であると思い込む人が増えて、健康寿命が伸びるということだって起こりかねません。

健康寿命は、国民の健康意識の長期的トレンドをつかむためには有効であっても、その延伸を政策目標とするのは妥当ではありません。客観的な数字ではないからです。数値目標とするなら、客観的に測定でき、実証可能な数値でなければなりません。事実、老年学会、老年医学会は「『健康寿命』は概念としては素晴らしいものだが、それをどのように測定するかについての科学的な方法論は確立していない。健康寿命の定量的な議論には限界があり、科学的な意味で健康寿命を定量的に扱うことはできない」と指摘しているそうです。

目標とすべきは要医療・介護期間の短縮

健康寿命は科学的根拠のある数値ではありませんが、それはひとまず置いておくとして、本論に述べた通り、健康寿命と平均寿命の延伸はパラレルに進行しています。健康寿命が伸びても、その後の医療や介護が必要な「健康でない期間」が短くなるわけではありません。ですから、健康寿命に関する政策の目標は、健康寿命の延伸ではなく、より直截に、要医療・介護期間を短くすることであるはずです。

したがって、政策目標に掲げるべき数値は、客観的に測定可能な、要医療・介護の期間の短縮や、発生率の減少といった数字であるべきです。その目標に照らして、これまで実施してきた様々な健康増進策、予防医療、介護対策の効果を客観的に分析した上で、より効果的な対策を考えるというプロセスを踏む必要があります。

発想の転換、新しい手法の導入、というのも大事ですから、「ナッジ理論」も結構ですし、「健康意識を高めましょう」も「健康サービス産業振興」も結構だと思いますが、それが要医療・要介護者の減少や要医療・要介護期間の短縮にどれだけ効果があるのか、ジムに通ったら要介護発生率はどれだけ下がるのか、その効果は持続するのか、本人の健康への自己責任（自己管理）意識を慫慂《しょうよう》したら病気にならないようになる（予防できる）のか（→どんな病気についてだったら効果があるのか、あるいはないのか）、短期的にどうか、長期的にも効果があるのか、なによりもそれが一人ひとりのＱＯＬ向上につながるものなのか、それこそ客観的・実証的にきっちり詰めてから、真に実効ある（少なくとも「そう言える」）政策を打つべきでしょう。

予防対策や健康増進施策には長い歴史があります。現場の実践や成功例、失敗例など様々な経験の中から得られるエビデンスも研究成果も数多くあるはずです。とにかく、なんでもいいから思いつくことはやってみて、結果を見てから考えようというのはプロのやることではありません。

医療や介護の世界というのは、奇をてらった、いかにも大衆受けするようなポピュリズム政策が通用するほど甘いものではない、と私は思っています。

医療や介護の現場で働いている人たちは、市民の健康を守る使命感を持って働いています。そういう医療・介護従事者の地道な努力の積み重ねがあって今の長寿社会があることを政策担当者は忘れてはなりません。

必要な医療や介護を保障して市民の身体的・精神的・社会的自立を支え、それを通じて、要医療・要介護者を減らしていく。当然のことですが、それが「健康を維持増進する政策を考える」ということだと、私は思います。

補論4　医療を市場経済に任せるとどうなるか——アゼルバイジャンの経験

私が赴任中、２０１８年の年末に某民放放送局で、アゼルバイジャンを紹介する紀行番組が放送されたそうです。その中で、「アゼルバイジャンは産油国、金満国家で医療も義務教育も無料、なんと素晴らしい」という話があったと聞きました。

大使としてアゼルバイジャンで3年間を過ごした経験から申し上げると、それは半分事実ですが、半分は事実ではありません。

この話、「社会保障としての医療サービス」を考える上でとてもよい教材になるので、我が任国の経験について紹介したいと思います。

ただより高いものはない？

確かに、医療サービスは無料で提供されています。それは、金満国家だからではなく、旧ソビエト連邦時代からそうなっているからです。

各国の医療保障制度には、大きく分けてイギリスや北欧諸国、旧社会主義国などに見られる税財源によるものと、フランスやドイツ、日本などの保険財源によるものがあります。アゼルバイジャンは旧ソ連の構成国だったので、独立前から採用されていた税財源による無償の医療保障システムをそのまま継続しているのです。

財源はすべて税で賄われますから、保険料はありません。一部負担もなく無料です。それだけを聞くと「おお素晴らしい」と思われるかもしれませんが、世の中そううまくはいきません。よく言うでしょう、ただより高いものはない、と。

社会主義経済は計画経済ですから、医療サービスも計画的に提供されます。旧ソ連時代、政府は計画的に各地域に基幹病院を設置し、そのブランチとして医療センター（診療所）を全国に配置しました。病院・診療所はすべて国営か公営で、医療関係者は公務員。そこで、すべての人民に平等に医療サービスが「配給」されていました。

この方式の素晴らしいところは、言うまでもなく「無料」であることと「平等」であることです。所得や地域による格差は生じません。なんたって計画経済、都会にも中山間地域にも、所得の多寡にも関係なく「平等」に医療資源を配給するのですから。

他方、すべて税財源ですから、中央政府が決定した計画（予算）で総サービス量が決まります。決められたサービス量を公平・平等に分配する。戦争中の日本の食糧配給のようなシステムです。

無尽蔵に予算があれば別ですが、財源には限りがあります。医療資源も有限ですから（インフラ整備も人材養成も予算で計画的に統制されます）、予算で定められた範囲での医療サービスです。日進月歩の医療サービスが迅速に導入されるというわけにはいきません。「標準的」な医療が「公平・平等」に提供されるだけですし、予算が尽きればそこで終わりです。

旧社会主義国のみならず、税方式の医療サービスの場合、アクセス制限（「優先順位」をつける、ニーズ判定をする）、長い「待機者リスト」ができる、新薬や新しい医療技術がなかなか導入されない、といったことが日常的に起こります。イギリスのＮＨＳ（国民保健サービス）の透析患者の年齢制限、前著でも紹介したスウェーデンの医療待機者問題など、実例はいくらでもあります。

さて、そんな「配給型」「計画経済型」の医療システムがあった国で、社会主義体制の崩壊に伴い、ありとあらゆる「公共サービス」の分野に「市場経済」の波が一気に押し寄せました。

多くの旧社会主義国では、配給型の医療サービスは維持できなくなりましたが、幸いこの国は「石油」という財源があったので、一律配給型の医療システムでも一定水準のサービスを維持することがかろうじてできています。

しかしながら、というか当然ながら、というか、「医療の公共独占」は崩れました。言ってみれば「規制緩和、官制市場解体、混合診療全面解禁」の壮大な社会実験をしたようなものです。一律平等配給型の公的医療サービスの外側に「資本主義的」というか「市場主導型」の自由診療医療サービスが生まれました。

医療サービスは「階層消費化」

その結果、どうなったか。

医療サービスはものの見事に「階層消費化」しました。

まず、優秀な医師たちはみんな国外に出て行きました。多くはトルコ・イスラエル・ウクライナ・ロシアなどの近隣諸国です。外国に行った方が自分のやりたい医療ができますし、しかもはるかに高給で処遇されます。

結果、深刻な医療人材の不足が発生しました。医療人材は専門人材ですからそう簡単には増えません。圧倒的な「供給不足・需要過多」の中で、国内に残った医師たちは「副業」を始めます。

公立病院の医師たちは、午前中は「無料」の「配給医療」に従事しますが、午後になると自分のクリニックを開いて「自由診療」の医療を始めました。中には病院の中の自分のオフィスで開業する人もいました。自由診療ですから当然「自由価格」です。

公立病院も病院として「自由診療」を始めました。

「ここまでは無料です。もしこれ以上の検査を受けたかったり薬を出して欲しければ追加で診療代を払ってください」

「順番待ちを飛ばして受診したい人は追加料金を払ってください。優先で診療しますよ」

医療の沙汰も金次第。

一般庶民は長い待機列に耐えながら「無料の標準医療」を受け、金のある人は順番を飛ばしてもらったり、水準の高い医療を受けることができる。もっとお金があればプライベートクリニックで公立病院の専門医の治療を受けることができる。すごい金持ちや政府要人たちはそもそも国内の医者にはかからない。先進国に出かけて最先端の医療を受ける。

医師は医師で、公立病院で働いても給与はたかが知れていますし（旧社会主義国では医師や教師といった人たちの給与はその専門性に比して非常に低いのが通例です）、頑張ったからといって収入が増えるわけではない。午前中はそこそこ働いて、副業の方に精を出す。病院も（「自由診療」で頑張って稼いでも）民間並みの給与は払えないし、辞められても困るので黙認する。そのうちどっちが本業だか分からなくなります。

富裕層向けの「民間病院」も生まれます。

「資本主義経済化・市場経済化」した旧社会主義国では、経済発展に伴って貧富の格差が広がります。つまり、昔はいなかったような「富裕層」が社会に生まれます。

そういった人たちを相手にしたビジネス（高級レストラン・ブランドショップ・高級リゾートなど）がどんどん生まれます。医療の世界も例外ではありません。

市場経済の持つ「資金吸引力」「資源吸引力」は実に凄いです。民間病院はどんどん近代化し医療機器も整備されて最先端の医療が受けられる。医師も看護師も、どんどん民間部門に流出する。ただし、有料（というかかなり高額。元々医療サービスは安くありません）。もちろん値決めは病院がします。なんたって「自由価格」ですから。

人もモノもカネも、民間部門に集中していきます。

それに対抗できる、というかついていける公的サービスはまずありません。医療サービスの供給、価格決定権は完全に民間サイドに握られます。金のある人はいい医療が受けられて一般市民は旧態依然としたみすぼらしい配給医療。いい医療・いい医者にかかろうと思えばそれなりの（というかかなりの）お金がかかる。

国民の不満はどんどん高まって行きます。それでもこの国は「石油」という財源がありますから、公的病院にもお金をかけて医療水準を上げようと頑張っていますが、普通の国はそんなことはできません。

公的サービスは医師の確保もままならない、設備投資もできない。ますます金が回らなくなって、貧相なサービスになる。でも長い待機列はなくならない。

教育の世界でも同じことが起きました。

かつてのこの国の教育は、一律平等無料の義務教育を提供していました。地区ごとに小学校中学校があり、各学校は通し番号「第○○小学校」がつけられていました。どこに行っても同じカリキュラム。同じ教科書でした。

いまや、金持ちは私立学校に行き、もっと金持ちは海外の学校に行かせます。私立学校・金持ち学校は（小学校から）ロシア語や英語で教育します。

優秀な教員は高給で私立学校に引き抜かれて行きます。

他方で、公立学校に残った教員は、午後から学校で「補習」と称する私塾を開いて生徒から補習代を取って自分の生活費の足しにする。政府も教員の給与を十分引き上げることができないので事実上それを黙認せざるを得ない。そして、補習を受けないと事実上上の学校には進学できない。

日本の公的医療制度は奇跡

翻って、日本の公的医療保険制度。

「国民皆保険」ですべての国民が公的医療保障を受けられる。

「公的サービス」でほぼすべての医療がカバーされ、最先端の医療も保険で受けられる。新薬も承認されればほぼすべて保険収載されるし新医療技術も保険点数がつく。

「フリーアクセス」が保障され、医療機関を自分で選ぶことができて費用は公定価格（診療報酬で医療の価格は統制されている）。

すなわち、

・「医療の進歩に見合った高い水準の医療サービス」が

・「公的費用」で賄われて（＝保険のきかない医療が（殆ど）なくて）

・「所得の多寡に関係なく」「ニーズに応じた平等な医療」が

・「自分が選択した医療機関」で受けられる

しかも、

・世界一の高齢国なのに国民医療費の水準はアメリカの半分、西欧諸国並みかそれ以下こんな国はありません。

日本の公的医療保険制度は、まさに奇跡みたいなものです。

もちろん日本の医療制度にもいろんな問題がありますし、大きな困難に直面していることも事実です。改革すべきことはたくさんあります。

壊すのは多分簡単です。でも、壊したらもう二度とこんな制度はつくれません。

つまり、このシステムをこれからも守って行くにはどうすればいいか。ものごとは、そういうふうに考えなければいけない、と私は思います。

第5章 家族支援の拡充——少子化克服のための取り組み

1 家族支援政策の基本哲学の重要性
——希望・意思・人生選択の保障

人口減少・少子化の問題は、社会保障の問題にとどまりません。日本社会の持続性、経済社会発展の前提条件に関わる極めて大きな問題です。市場の縮小、労働力の減少、成長の鈍化、地域の衰退とコミュニティの弱体化など、その影響は計り知れません。

マクロ経済、労働市場、企業行動、イノベーション、地域政策、日本経済の付加価値生産性など、より大きな視野からの政策連携が必要です。

図表5－1　2040年までの人口構造の変化

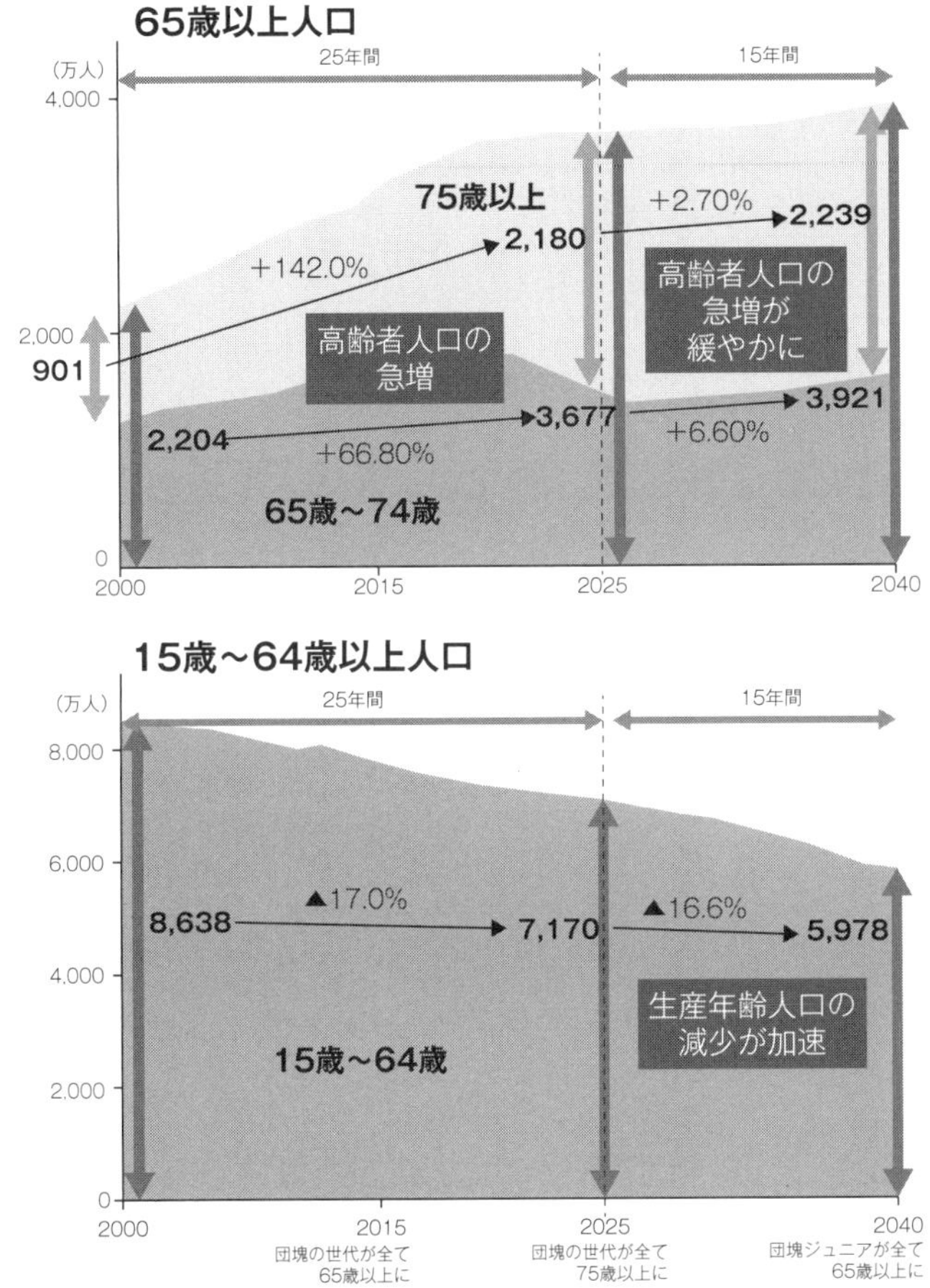

（資料）総務省「国勢調査」「人口推計」（2015年まで）、国立社会保障・人口問題研究所「日本の将来推計人口平成29年推計」（出生中位・死亡中位推計）（2016年以降）
（出所）経済財政諮問会議提出資料（内閣府・厚生労働省・財務省）

残念ですが、人口減少のトレンドを変えることは極めて困難です。２０２５年以降、人口減少の波は高齢世代にも及び、総人口の減少は加速していきます。特に生産年齢人口は大きく減少していきます（図表５－１）。

人口回復のためには、50年、１００年単位の長い取り組みが必要です。

その意味では、経済政策、社会政策をはじめとするすべての政策局面で、「避けがたい人口減少のトレンド」を前提とした発想の転換――施策の組み立て直しを考えなければなりません。

日本の社会経済の持続可能性を考えるのであれば、私たちは、「少子化対応戦略」と「少子化克服戦略」の双方を同時に実施しなければなりません。このことは、第１部で触れた通りです。

復習のために改めて図表５－２を示しておきます。

少子化対応であれ、少子化克服であれ、対策を実施するときに忘れてはならないことがあります。改めて言うまでもないことですが、子どもを持つことや持たないこと、産むことや産まないことは、個人の究極の選択であり、極めて私的な領域の事柄であって基本的人権に関わる問題だということです。政府が経済成長率や物価上昇率のように「出生率」や「出生数」の数値目標を掲げ、その実現に向けて人々を促す政策を打ち出す、といったようなものではないし、すべきものでもありません。

図表5－2　今後の人口構造の変化を展望した戦略

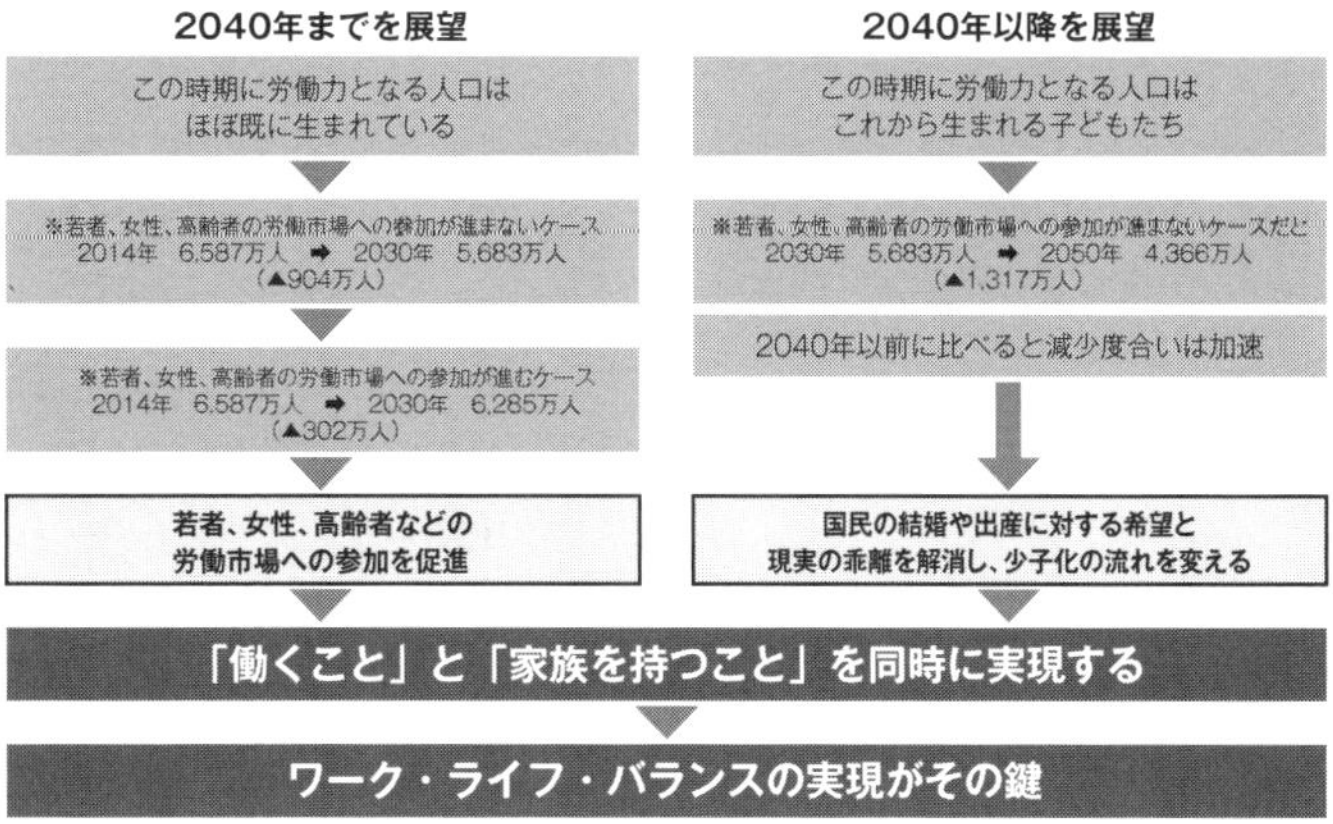

（出所）厚生労働省雇用均等・児童家庭局

子どもを産み育てること、家族を持つことは「義務」でも「責務」でもありません。それは、私たちの権利であり、希望であり、意思です。決して国家や社会に強制されたりすることではありません。

日本は戦時中、富国強兵・健民政策の一環として「人口政策確立要綱」を閣議決定し、「産めよ殖やせよ」の大号令の下、「一家庭に平均5児を　一億目指し大和民族の進軍」と政府が出産を奨励した過去があります。このような愚かなことは決して繰り返してはいけません。政府が国民に向かって「皆さんたくさん子どもを産みましょう」などと、無神経かつ不用意に言ってはならないのです。

政府や自治体がすべきことは、人々の希

望が叶えられる「条件」を整備することです。家族をつくり、子どもを産み育てたいと願う人の希望が叶えられやすい社会をつくることです。その基本を決して忘れてはなりません。

2　「少子化対応戦略」と「少子化克服戦略」の同時実施

すでに多くの識者が指摘しているように、「二正面作戦」の柱となる施策は、「家族政策（家族形成支援）」と「労働政策（就労支援）」です。

労働と育児の両立支援、女性の就労継続を支援する保育サービスの充実、有給の育児休業制度の充実、若者世代の雇用と所得の安定、非正規労働者の労働条件改善（均衡処遇、社会保険適用拡大）、そして、長時間労働の是正をはじめとする「家庭的責任の公平な分担とそれを可能にする働き方改革」などの施策であり、さらには、地域における家族支援施策、全家庭・全児童を対象とする子育て支援サービスの充実といった施策です。

中でも、保育サービスをはじめとした、現物サービスによる家族支援や両立支援対策は、女性の就労支援、就労継続の確保という意味でも、出生率向上や貧困率低下という意味でも大きな効果を持ちます。ＯＥＣＤのデータは、子どもの貧困を減らす効果は、現金給付よりも現物給付の方が大きいことを示しています（図表５－３）。さらに言えば、労働市場における女性の役割を正当に評価し、その可能性と能力を活かすことは「日本の付加価値生産性向上＝成長戦略」の観点からも非常に重要です。

少子化対応と少子化克服を同時実現するための絶対条件は、個人（特に女性）の人生選択の自由を保障すること、就労と家族形成の両立を可能にすることです。そのためには、「家庭的責任の公平な分担とそれを可能にする働き方改革」が重要で、「企業の行動変容」と「経済システム改革」が必須になります。

とすれば、このことは社会保障政策だけでは実現できませんし、行政（政府）の取り組みだけでも実現できません。国民一人ひとり、特に男性の意識改革が必要ですし、産業界・個別企業が果たすべき責任と役割が極めて重要です。企業の雇用管理、「働き方改革」だけではなく「働かせ方改革」が求められるからです。

加えて、人口減＝労働力減への対策は、日本社会の持続性と経済社会発展の前提条件に関わる問題ですから、産業界・個別企業はこの問題の当事者であると言ってもいいからです。

図表5－3　家族関係給付の対GDP比と子どもの相対的貧困率の関係～現金給付よりも現物給付の方が貧困率改善効果が大きい～

家族関係社会支出（現金給付）の対GDP比

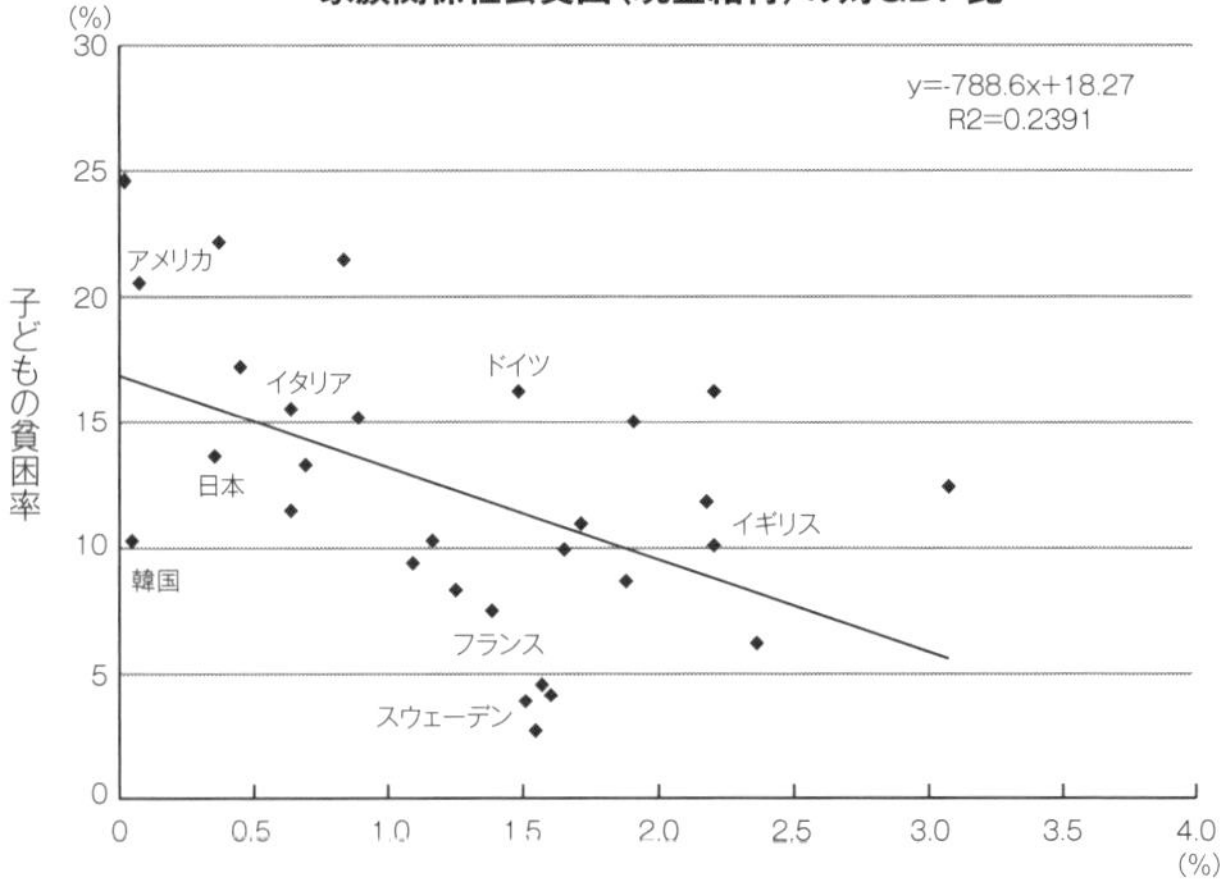

家族関係社会支出（現物給付）の対GDP比

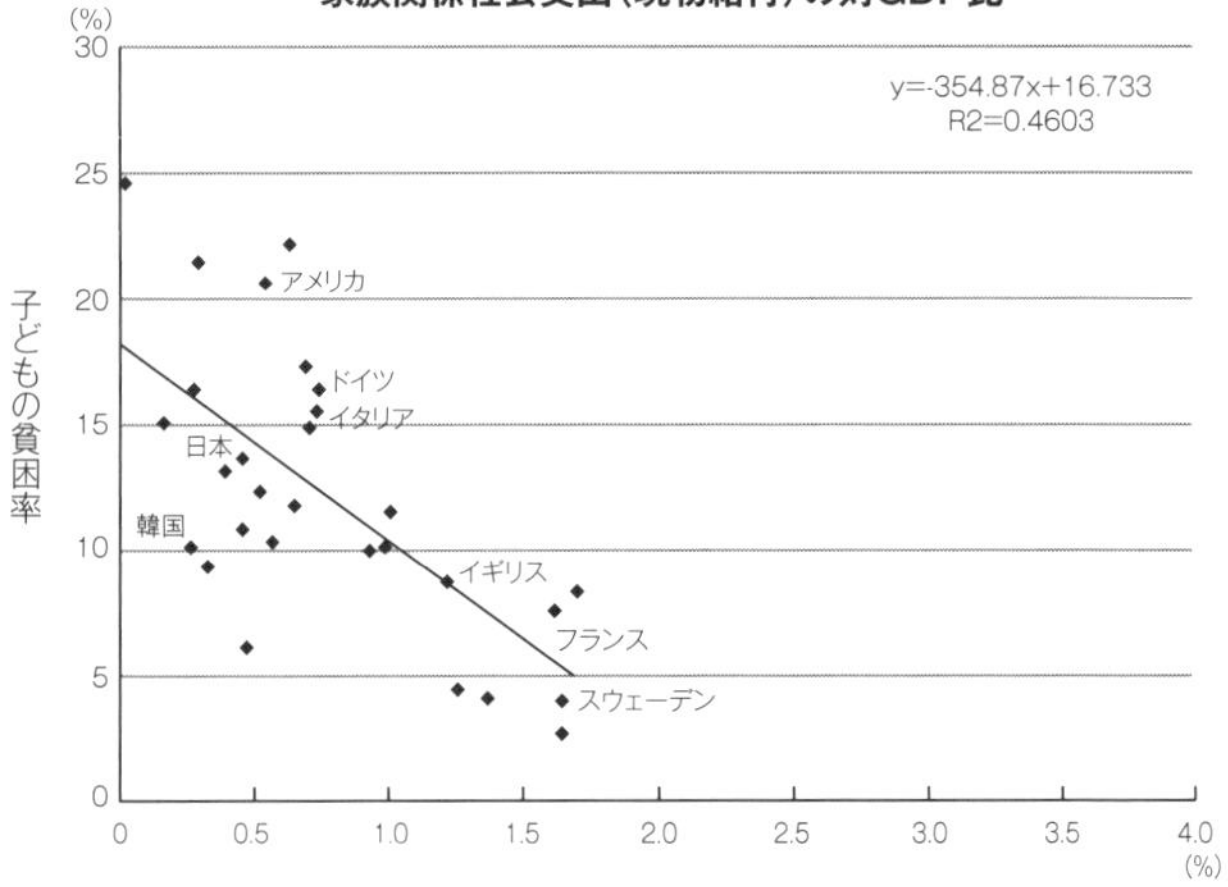

（出所）OECD, “Factbook 2009”、OEDC, “Social Expenditure Factbook 2008” より作成

例えばの話、もしこの世の中から保育所が消えてなくなったら、一体何人の女性労働者が労働市場からいなくなるでしょう？　何人の男性労働者が思うように働けなくなるでしょう？　日本経済は、企業は、機能不全になりませんか？　想像してみれば分かるはずです。

もう一つ重要なことは、言うまでもなく財源です。日本の家族関係給付は社会保障費全体の5％で、対GDP比で1％強に過ぎません。これは多様な積極的家族支援施策を継続的に展開し出生率の回復を実現したフランスやスウェーデンの半分以下の水準です。

社会保障・税一体改革で消費税を社会保障目的税とし、使途先に少子化対策を加えて社会保障四経費にしましたが、それで十分でしょうか。どんな制度の枠組みをつくり、誰がどう負担するべきなのでしょうか。財源確保の方策と負担のあり方についても合意形成をしていかなければなりません。

3　支援のための具体的制度設計論

保育サービスはなぜ「権利」にならない？

社会保障と税の一体改革の一環として、２０１２年に「子ども・子育て支援法」が制定されました。

保育サービス（保育所など）と幼児教育（幼稚園など）を一つの体系に一元化したこと、保育所の利用要件を「保育に欠ける児童」から「保育を必要とする児童」に変更したこと、そしてこれまでに様々行われてきた子ども・子育て支援施策を体系化して、市町村において一体的に提供できるようにし、その財源として消費税財源を充当できるようにした法律です。

人口減少が現実のものになって、ようやく、少子化対策（＝家族支援政策）の重要性が一般社会でも広く理解されるようになってきました。子育て支援をより強化する制度を構築する、必要な財源をきちんと確保する、ということについて、多くの国民の理解と合意が進んできたことの成果だと思っています。

今回の新制度はそれなりに前進ですが、医療保険や介護保険、公的年金制度のような確固とした制度として子ども子育て支援が確立しているか、子どもを持つ人誰でもが必要とするときに権利として利用できるサービスになっているか、というと、制度設計に携わった者が言うのも何ですが、まだまだ十分とは言えません。

実際、現に新しい制度のもとでも、待機児童は解消されていませんし、制度的な位置付けができたとは言え、施設保育中心主義の考え方は行政にも現場にもまだ残っていて、小規模保育や家庭的保育、一時保育などの多様な保育サービスの整備は十分ではありません。

高齢者介護の世界が、かつての施設収容型サービスから一人ひとりの生活の継続性を重視した在宅重視へと発展を遂げ、多様な在宅サービスが生まれて、いまや施設・在宅の垣根を超えた「地域ケア――地域包括ケア」へと進化したことを思えば、子ども・子育ての世界はまだまだ「施設保育――認可保育所一点主義」から抜け出せていません。

その意味では、「利用者が多様なサービスの中から自身のニーズに合ったサービスを選び取る」という「選択肢」も保障されていませんし、何よりも「利用者の権利性――保育サービスを利用する権利」が制度的に保障されているとは言えません。

働きたくても働けない、育児休業は取得したけれど、保育所が見つからなくて復職できない、というようなことが今でも日常的に起こっています。子どもを産む前から、保育所に入れなかったら仕事は続けられない、辞めたら生活できないなどと思い悩まないといけないような社会、「保活」などという言葉が人口に膾炙《かいしゃ》しているような社会では、子どもを産むことを選択する人が増えるはずもありません。

少し古い資料ですが、子育て世代の女性の労働率と認可保育利用割合の関係を示した図表５－４は、日本と子育て支援先進国の差を如実に表しています。

二正面作戦のもう一つの柱、労働政策（就労継続支援）も、状況が大きく改善されているとは言い難い状況です。

「ワーク・ライフ・バランス」「男女共同参画」「イクメン」、政府の施策でも、企業の行動指針でも積極的な取り組みが謳われていますが、働く女性が産休をとっても育休をとっても、あるいは男性社員が育休をとっても、給与や昇進に不利にならない企業社会が実現できているかといえば、答えは明らかです。現実はなかなか変わっていません。

子育て支援先進国のスウェーデンでは、「親保険」という制度があり、育休期間中、両親の合計で４８０日間、休業前給与の80％（最後の90日間は最低保証額）の両親手当が支給されます。結果、大半の母親は、概ね一歳半（18ヶ月）くらいまでは育児休業を選択し、その後は保育サービスを利用して職場復帰を選択しています。

図表5－4　子育て世代の女性の労働力率と保育利用割合の関係（3歳未満児）

		日本	フランス	スウェーデン	ドイツ
女性労働力率（2005年）	25~29歳	71.6%	78.4%	83.2%	73.5%
	30~34歳	61.6%	78.9%	84.2%	74.4%
	35~39歳	62.3%	81.4%	88.1%	78.7%
		大きな差	あまり差がない		大きな差
うち有配偶	25~29歳	48.4%	72.4%	78.8%	58.7%
	30~34歳	48.1%	74.9%	83.1%	64.8%
	35~39歳	54.5%	高い利用率 78.9%	高い利用率 88.6%	73.3%
3歳未満児のうち認可された保育を利用する者の割合		22.8%（2010） 0歳児 93.2% 1歳児 25.9% 2歳児 33.2%	48.7%（2009） 集団託児所 14.7% 家庭託児所 1.9% 認定保育ママ 27.0% 保育学校 5.1%	46.9%（2010） 0歳児 0% 1歳児 49.3% 2歳児 91.4% 就学前保育施設 44.7% 保育ママ 2.1%	25.4%（2011） 旧西独 20.0% 旧東独 49.0%

（出所）〈労働力率〉総務省統計局：国勢調査（日本）　Eurostat : The European Union Labour Force Survey（フランス、スウェーデン、ドイツ）
〈保育サービス利用割合〉厚生労働省：福祉行政報告例（日本）　Caisse nationale allocation familiales : L'ACCUEIL DU JEUNE ENFANT EN 2010 : Capacité théorique d'accueil pour les modes de garde « formels » -places pour 100 enfants de moins de 3 ans en 2009（フランス）　Skolverket : Barn och grupper i förskolan 15 oktober 2010 ,Tabell 1 B: Inskrivna barn efter ålder 2010. Andel av alla barn i befolkningen（スウェーデン）　Bundesministerium für Familie, Senioren, Frauen und Jugend : Kinder und Jugend : Kinderbetreuung : Di 31.01.2012　Gute Kinderbetreuung（ドイツ）

また、フランスでは、育児中の休業補償と保育サービスの利用に対する助成が同じ家族手当制度のもとで行われ、どちらか一方（あるいは両方組み合わせる）が必ず保障されていて、自分が望む子育てと就業のバランスを実現できるようになっています。

日本でも、法制度としては、育児休暇は両親の合計で1年2ヶ月まで取得可能となり、一定の条件を満たせば休業前賃金の67％（半年以降は50％）の育児休業給付金が受けられるなど、かなり整備が進んでいて、取得する人の割合も増えてきていますが、非正規労働者や中小企業の労働者など、法制度はあっても現実に取得することができない人、取得を理由に雇い止めをされてしまう人はまだたくさんいます。

柔軟で多様な現物給付

ようやく実現した「子ども・子育て支援法」ですが、これまで縷《る》々《る》述べてきたように、子ども・子育て支援の法的枠組みとしてまだまだ十分とは言えません。

文字通り「すべての子ども、すべての子育て家庭が必要な支援を受けることができるようにすること」、すなわち「権利としての子育て支援」を実現していくために、何が必要でしょうか？　具体的にどんな制度・政策を考えればいいのでしょうか。さらにこの制度をより良いものにしていくにはどうすればいいのでしょうか。改めて考えてみましょう。

第一に重要なことは、子育てと就労の両立支援の視点を持つということです。

単に「子育ての経済負担を軽減する」ということだけではなく、先ほどのフランスの制度がそういう考え方でつくられているように、広く、「家族を持つこと・子どもを産み育てること」と「働くこと・働き続けること」の両方が、本人の希望に応じて同時に実現できるように現役世代を支援する、という視点を持つ、ということです。

そのためには、子どもが生まれた後、「仕事を休んで子育てに専念する」、あるいは「子どもを預けて休まないで仕事を続ける」、どちらでも本人・家族がそれぞれの事情に応じて選択することを保障するような制度になっていないといけません。

その人の状況に応じて、そのどちらでも選択でき、かつそれがイコールフッティングになっている、という社会でないと、家族を持ち、子どもを育てることと働くこと＝社会に貢献し活躍することとを同時に実現することができません。

政府は高らかに「希望出生率１・８」「一億総活躍」「女性活躍」と言ったのですから、有言実行、それを実現すべき責務があるはずです。

そう考えると、保育サービスと育児休業は、実はコインの表と裏なんだ、ということが分かってきます。

子どもが小さいうちは子育てに専念したいと思ってその間仕事を休んで育児をすることを選択する、仕事を休まずに続けることにして子どもを保育所に預けることを選択する、どちらを選択しても構わないし、その人の選択に応じて必要な支援を行う。

子どもを産み育てることが負担にも不利益にもならない、休んでいる間の所得保障を十分受けられなかったり、仕事を辞めざるを得なかったり、休みをとったことで先々不利益な扱いを受けたりすることがない、仕事を休まずに続けることを選択した人が、子どもを預ける場所がなくて結局仕事が続けられなくなるようなことがない。

要はそういうことのはずです。

そう考えれば、育児休業は権利としてとれないといけないし、もちろん有給でないといけないし、水準は従前所得を実質的にカバーできる水準でないといけない。

保育サービスも、それを必要とする人が、必要とするときに、これまた「権利」として保障されていなければいけない。

今の日本では、育児休業給付は労使の保険料拠出で賄われる雇用保険制度、保育サービスは公費で賄われる児童福祉制度と、制度も財源構成も（所管する部局も）別々です。どちらも権利として利用できるようにして本人の選択・組み合わせを認める、とするのなら、フランスのように同じ制度のもとで行う給付にして、子育て家庭の親たちが必要に応じて選択して利用できるようにすべきなのではないでしょうか。

このことを役人風に言えば、「社会保障政策としての子育て支援――保育サービス」と「労働政策としての就労継続支援――休業の保障、休業中の所得保障、休業後の雇用保障」とを一体的に提供できる制度をつくる、ということです。

もう一つは、できる限り多様で柔軟な子育て支援サービスを用意すること、つまり、現物給付を中心に用意することです。

子育てにかかる経済支援としての手当の意義は否定しませんが、所得保障という意味では「働いて収入を得る」ことができるようにすること、休業中の所得保障をきちんと行うことで対応するのがまずは王道、第一義だと思います。

様々な働き方をしている人がいて、それぞれの人のニーズに合わせた給付設計が求められますから、いわゆる施設保育（認可保育所など）だけではなく、在宅の保育や小規模保育、一時保育、夜間保育など様々な形態の保育サービスや地域子育て支援拠点などが同じように利用できることが必要です。

さらに言えば、子育て支援が必要なのは「働くお母さん・お父さん」だけではありません。育児休業中の人や専業主婦の人にも、もちろん一人親家庭にも、それぞれに子育て支援が必要です。

前著で子育てに関するチンパンジーと人類の比較の話を書きましたが、人類は母親だけで子育てをするのではなく、社会（群れ）で共同して子育てする・できるように進化したことで、ここまで繁栄したのです。

働いていないんだから子育ては母親が責任持ってやるのが当然、などという考え方は子育ての大変さを理解しない人の発想です。今や「ワンオペ育児」という言葉があるくらい、家庭にいる母親たちは孤立しているのです。

この観点から言っても、フルタイムで働く家族のための保育サービスだけではなく、自営業者やパート労働者、育児休業中の人、専業主婦の人がそれぞれの状況に応じて利用できるような多様なサービス（地域子育て支援拠点や一時預かり（一時保育）など）が用意されていることが必要なのです。

企業も家族支援策の受益者である

さて、ここまでの議論を整理してみましょう。

現在は労使の負担で設計されている育児休業給付と公費で賄われている保育サービスを一体の制度にする。育児休業給付と保育サービスを一体の給付にして子育て家庭の親たちが必要に応じて選択して利用できるようにする。自営業の人や専業主婦も含めてすべての子育て世代に対応した様々な子育て支援給付をそれぞれの地域や現場で現物のサービス給付で用意する。

そしてそれら全体を一元的な制度の下に組み込む。

こう考えると、第二の大きな論点である「この制度を支える財源のあり方」、というのも自ずからその方向が見えてくるのではないでしょうか。

行政サービスに限らずあらゆるサービスは受益者負担が原則です。子育てをしている家族はまさに本人・当事者ですから一定の負担を求められます。現在でも保育所に子どもを預ければ保育料負担がありますし、育児休業給付は労使の保険料拠出で賄われています。

経済界・企業はどうでしょうか。経済界の意見の大勢は「少子化対策は国の政策、国の責任でやるべきものだから公費でやるべき」というものですが、経済界・企業は明らかにこの制度の受益者、それもかなりの受益者です。人口減少で労働力不足が常態化する中で、優秀な労働力と人材の確保（就労の継続）が保障されるのですから。もっと大きく言えば、日本経済そのものが、この制度の受益者です。保育所があるからお母さんたちは働きに出られるのだし、その夫たちも子育て負担から解放されています。先ほども言いましたが、保育所がなかったらどうなるか考えてみてください。

そう考えれば経済界・企業は立派な受益者です。育児休業給付が労使拠出なら保育サービスに企業負担があってもちっともおかしくありません。

そして、すべての子ども、すべての家族を対象に子育て支援給付を保障する、つまり「子育ての社会的支援」を実現するための制度です。

次世代を支える子どもたちの支援を社会化するのですから、社会全体で費用を負担するのはある意味当然です。そう考えれば、すべての国民が広く負担することになる消費税を充当するのは、ふさわしい、というかむしろ当然で、だからこそ今回の社会保障・税一体改革で、消費税財源がこの制度に充当されることになったわけです。

消費税を中心とした国・地方の公費、オール資本としての企業拠出、そして当事者である家族や次世代の子どもたちに支えてもらうことになるすべての現役世代の負担。

それが財源構成の基本になる、ということになるのではないでしょうか。

子育て支援に必要な費用を企業と個人が共同で拠出して賄う例は、実はすでにフランスにあります。フランスは先進国で最も出生率の高い国の一つで、家族・子ども政策にＧＤＰの約３％を注いでいます。そして、その費用の約６割は「社会保障拠出金」として企業が負担しています。個人は個人所得を課税対象とする社会保障目的税を負担します。負担総額は総費用の約２割です。

「社会全体で子育てを支援する」とは、きっとこういうことを言うのだと思います。

補論5　性教育――家族支援の観点から

厚生労働省は1998（平成10）年の厚生白書の第1部に「少子社会を考える――子どもを産み育てることに「夢」を持てる社会を――」のタイトルを冠し、初めて「少子社会」という言葉を使って様々な問題を提起し、子ども・子育て支援政策＝少子化対策の重要性を強く訴えました。

戦後長い間、日本では「人口政策」は一種タブーのように扱われてきました。「産めよ殖やせよ」をスローガンとした戦前の「健民政策」への強い反省からです。そこには、軍国主義的政策への反省に留まらず、基本的人権や個人の自由な人生選択に関わる非常にセンシティブな問題について、国家が無神経に介入したことへの反省がありました。結婚や出産に関わる問題については、経済政策のように政府が数値目標を定めて目標達成に向け人々を促す政策を推進するというようなことをすべきではありません。厚労省の官僚はもちろんのこと、「少子化対策」に関わってきた多くの人々は、「個人の自由な選択」を保障しそれを尊重することを前提に展開されるものでなければならないことを肝に銘じてきました。

本論で指摘した通り、大事なことは、「子育ては両親（＝家族）が共同でするもの、それを地域・社会で支え支援する」ということです。

この基本をきちんと押さえ、両立支援の重要性を合わせて強調しながら、「結婚・出産・育児」をポジティブに（かつ自然のライフサイクルとして）位置付け、家族形成を自然な形で動機付ける、それを社会全体が支援するような流れをつくるような施策を地道に進めていく、ということなのではないでしょうか。

そう考えると、実は「性教育」というものはとても大事なのではないか、と最近思うようになりました。

「性」の延長線上にある家族

私のいう「性教育」の「性」というのは、性交や避妊のこと（だけ）ではありません。

この世の中に二つあって二つしかない「男」という性と「女」という性がどういうもので、自分が男であること（女であること）の意味、そしてそれが私たちの人生にとってどんなに重要なことなのか、ということを教えるのが、ここで私が言う「性教育」です。

異性（誰か）を好きになるのは、まさに生物としての人間の当たり前の生理的なメカニズムです。結婚だって子どもだって家族だって、人生全部そこからスタートするのです。

そこのところをきちんと考えないと、性教育というとすぐに避妊とか性交とかいう、即物的というか技術的というか、そういう話、ということになってしまうんだと思います。

自分の心と体に起きていること、心身の変化をきちんと知る（知ることができるようにする）。そして、これは人間みんなに起こる（起こっている）ことなんだ、ということを知る。

そこが原点のように思います。

そう考えると、大事なことが見えてきます。

性教育とは「人間であることの教育」で、だから決して女性に対してだけのものではない、ということです。

女性に女性の生理メカニズムを教えるのなら、男性にも男性の生理メカニズムを教えるべきですし、さらに言えば、そもそも男女双方に相手の性の構造をきちんと教えて、お互いの性を理解し尊重する意識を（それこそ啓蒙して）教えるべきなんじゃないかと思います。

私たちはあまりにも自分の「性」を知らないし、異性の「性」についても貧しい知識しかもち合わせていないのではないでしょうか。

「性」は人間の人格を構成する重要な要素です。

自分の知らない性（自分自身の性ということもありますし、相手方の性ということもあります）を知ることが、相手の性に対する尊敬とか理解とか、そういうもののベースになるのですし、それがひいては人間理解や家族に対する愛につながっていくのではないでしょうか。

そうすれば、ＬＧＢＴへの理解だって、それが「人間の個性、人権に関わる問題」だ、ということが自然と理解できるようになるのではないでしょうか。

聖書では、男女が関係を持つことを、「知る（英語ではknow）」と表現しています。

「アダムは妻エバを知った（新共同訳 旧約聖書 創世記4章1節）」

知る、とはまさに理性・知性の働きを示す言葉です。とすれば、男女が関係を持つことは、人間としての相手を知る、という極めて理性的な行為です。

私の尊敬する弁護士さんが、「女性を性欲の対象＝メスとしか見ない思考の延長に性犯罪がある、ということを忘れてはなりません」と仰っていたことが印象に残っています。

女性を「産む性」と考える思考は、女性を性欲の対象と考える思考と、本質的に同根の思考のように思います。そんな愚かで貧しい発想をさせないために、「性教育」、特に男性たちへの性教育が必要なんじゃないでしょうか。

家族の機能や役割、価値を教える

もう一つ、私の言う「性教育」で担ってほしい大事な役割があります。

「家族の意味」そして「子どもを育てることの責任（と権利）」ということです。

端的に言えば、「育てる」に関しては男女双方に均等かつ応分の責任（と権利）がある、それが家族というものだ、ということを、それこそ小学校からでも教える、ということです。

確かに私たちは「哺乳類」ですから、乳児期の「哺乳」という女性でないとできない行為があります。ですが、だからと言って「子育て―母性本能―母親の仕事」ということにはならないのではないでしょうか。

生まれたばかりの娘を抱えて奮闘する長女夫婦を見ていて改めて思いましたが、誰の助けも借りずに母親一人で子育てをやり通すなんて肉体的にも精神的にも至難の業、ほぼ不可能に近い神業のように思えます。

このことは、「家族」の機能や役割、価値をどう考えるか、という問題にも関わります。「育てる」という行為は「授乳」だの「抱っこ」ではありません。十数年という時間をかけて、社会的存在としての一人の人間を育てる、という極めて社会的な行為でもあります。だから「次世代育成支援」とか「健全育成」という概念が存在するのですし、「育児の社会化」「地域の育児力」なんていうことが課題になるのです。

「育てる＝女」「養う＝男」というイデオロギーが透けて見える政策は、功を奏しません。母性愛があればそれに負けない父性愛もあります。性別役割分業を暗黙の前提にした政策は、世の女性たちから（そして男性たちからも）強烈なしっぺ返しを受けることになるでしょう。

第3部

経済・財政をどう立て直すか

第6章

日本再生の基本条件
――経済・財政・社会保障を一体で考える

第2部の前半で、日本が直面している課題として、三つのことを指摘しました。

・日本経済の安定的成長を確保すること：成長戦略
・持続可能な政府　国家の問題解決・政策遂行能力の確保：財政再建
・社会の安定と統合を確保し、社会の活力を維持すること：社会保障

そして、経済・財政・社会保障は相互に連関し依存し合う関係にあり、社会保障の問題を解決するには、「この国の経済社会全体の課題を解決する」という視点を同時に持たなければならない、ということを申し上げました。

第2部の後半で、２０４０年に向けての社会保障の課題、全世代型社会保障の意味や人口ト

レンドを踏まえた経済と社会保障の関係、そして年金・医療介護・子ども・子育て支援の各論について目指すべき改革の方向性についてお話ししました。

年金にしろ医療にしろ、それぞれの改革は社会保障それ自体の課題解決方策でもありますが、同時に日本が直面している他の課題、経済や財政、格差の拡大といった社会問題への処方箋でもあります。

そして同じように、社会保障の問題を解決するためには、それと深い関係のある、というか、社会保障が機能するための前提条件でもある安定的な経済成長や財政の健全化を達成することが必要になります。

この30年間、残念ながら日本の経済成長はほぼ止まったままです。30年間の平均経済成長率は年率０・９％。この30年の間に世界経済は2倍以上に成長していますから、日本のプレゼンスは半分以下に下がったことになります。加えてこの間、国の借金は増大し続け、今や１２０0兆円、ＧＤＰの2倍にまで膨れ上がりました。今や日本は世界最悪の借金大国です。

財政再建と経済成長、もちろんどちらもとても重要です。成長しなければ国の借金は返せませんし、社会保障は成長の果実（付加価値）の分配ですから、成長しなければ分配する原資がありません。

しかし成長戦略を立案・実行するためには財源が必要ですし、財政再建だといって無理に社会保障を圧縮すれば国民の私的負担が増えるだけで社会の安定と活力が失われます。

経済成長が先か財政再建が先か。

この30年間、日本の政府は様々な政策を展開してきましたが、正直言ってあまりうまくいっているようには思えません。そうこうしているうちに、少子化が進んで日本は人口減少社会になってしまいました。

そこで、第3部では、いったん社会保障を離れて、日本の財政と経済の問題について正面から考えてみたいと思います。

1

改めて財政赤字問題を考える——負担を正面から議論する

増え続ける借金

前著でもお話ししたように、日本は巨額の財政赤字を背負っています。２０１９年度末でその額１１００兆円強、ＧＤＰの２００％を超えます。その水準は戦時中に国債発行を乱発し膨大な財政赤字を背負いこむことになった第二次世界大戦終戦時と同じ、世界最大の借金大国です。

今回の新型コロナウイルス対策で、安倍政権は2度にわたって総額57兆円の補正予算を組みました。そのほぼ全額が公債で賄われますから、２０２０年度の国債新規発行総額は当初予算と合わせて90兆円に達し、基礎的財政収支（プライマリーバランス）は６・６兆円の赤字から一気に66兆円の赤字です。年度末の債務残高は１２００兆円、対ＧＤＰ比は２３７％で、１０９％のアメリカの倍以上の水準にまで落ち込むことになります（図表６－１、図表６－２）。

図表６－１　一般会計における歳出・歳入の状況（図表２－１の再掲）

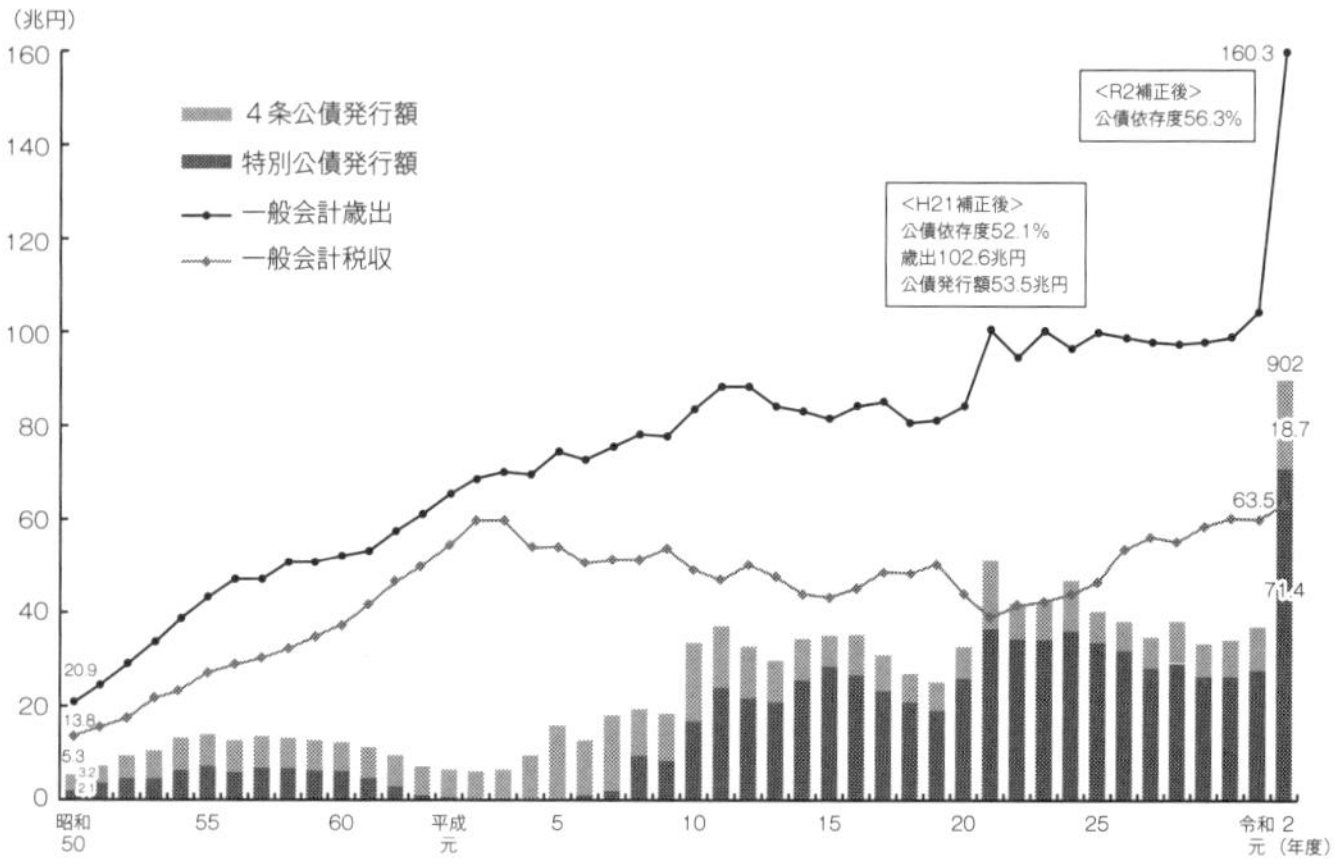

（注１）平成30年度までは決算、令和元年度は補正後予算、令和２年度は第２次補正予算案による。
（出所）財務省公表資料

１９９０年代から、財務省は財政赤字を問題にして厳しい緊縮財政政策を採用してきました。最大の歳出項目である社会保障予算は厳しく査定され抑制されましたし、かつては「土建大国」などと言われていた公共事業予算も小泉政権時代に大幅に削減されました。今や、既存インフラのメンテナンスすらままならない状態です。教育予算も先進国最低水準で、科学技術分野でも基礎研究に十分なお金が回っていません。20年後、日本からノーベル賞受賞者はもう出ないかもしれません。

それでも、財政赤字は減ることなく、むしろ拡大の一途を辿っています。１９９０年に２５０兆円程度だった財政

図表６－２　国・地方の長期債務残高（図表２－２の再掲）

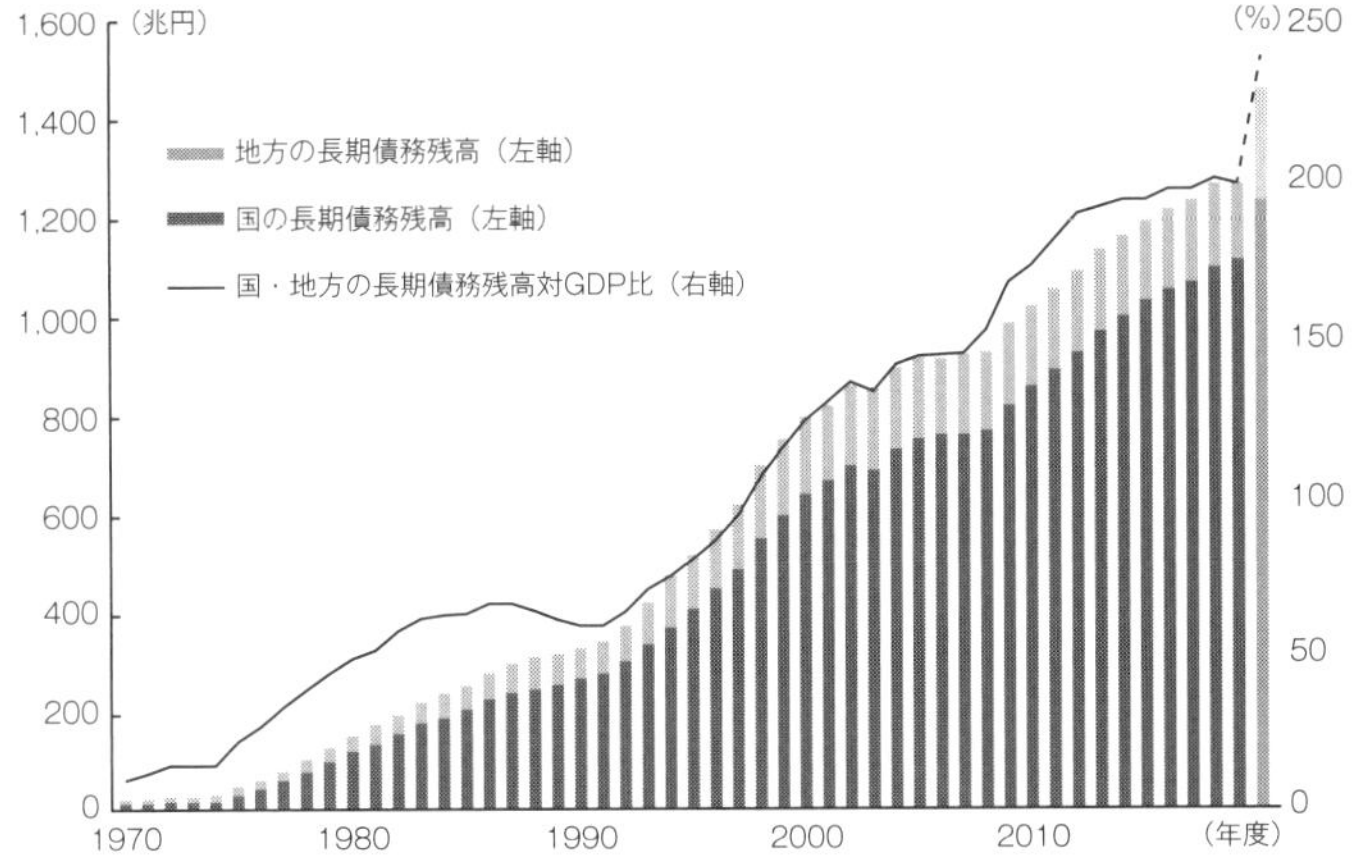

（出所）財務省・総務省公表資料より作成

赤字はこの30年で4倍超に膨れ上がりました。他方でＧＤＰはほとんど増えませんでしたので、債務残高の対ＧＤＰ比は２００％、歴史的に見ても第二次世界大戦直後のイギリスの水準を超え、ベネズエラやスーダンと肩を並べる世界史上最悪の水準に達しようとしています。

財政赤字拡大の要因

あれだけ厳しい緊縮財政政策をとりながら、これほどまでに財政赤字が膨らんだ原因は一体何だったのでしょうか。

大きく分ければ、原因は三つあると考えていいと思います。

・社会保障費の増大

一つは、言うまでもなく少子高齢化の進行で社会保障費が膨らんだことです。もちろん社会保障にも厳しい歳出削減圧力がかかっていましたが、それでも社会保障には「自然増」というものがあり、伸びを抑制することはできても実額を抑えることは極めて難しかったからです。加えて第2部でもお話ししたように、社会保障、特に医療や介護のニーズは「実需」ですから、国家予算抑制の観点から削減してもその分家計の負担が増えるだけなので、社会全体、マクロで見れば削ればよいというわけにはいかないからです。

・負担の先送り

二つ目は、現役世代が、自身が受益しているサービスに見合った負担を――特に税負担について――十分してこなかったこと。厳しく言えば、課税最低限の見直しや税体系の見直し、消費税改革など、政府や政治が国民に必要な負担を求める努力をしてこなかったことです。

日本の財務省は毎年「税制改正」ということをやっています。消費税増税や法人税改革のような大きなものから扶養控除の見直しとか租税特別措置の見直しといった個別税制に関わる小さなものまで、毎年何がしかの税制の見直しをしています。

そして、これは皆さん意外に思われるかもしれませんが、この30年間、日本の財務省が税制改正で「ネット増税」を行ったことはたった1回しかありません。

社会保障・税一体改革で行った消費税率の引き上げ。これだけです。

１９８９年に初めて消費税を導入したときは、同時に消費税分を上回る所得税減税を行いました。なので、ネットでは減税でした。３％から５％に引き上げたときも、所得税減税を先行して実施したので実施年はネット減税でした。

それ以外の年の税制改正でも、法人税の減税やら課税最低限の引き上げやら、各種控除・租税特別措置の見直し、あるいは増税見合いの歳出拡大（子どもの扶養控除を縮小してその財源で児童手当を拡充する）等々、税収が増えるような税制改正はできていないのです。

累計で見ても、平成２年から平成26年までの間の累積の税収減は約２００兆円ありましたが、そのうち約60兆円は税制改正（制度減税）による減収なのです。

皆さんは消費税導入で財務省は大増税＝国民負担の増をしたと思っているのかもしれませんが、実は日本の財務省は「増税らしい増税」をしたことはないのです。

結果、これも皆さんはあまりご存知ないかもしれませんが、主要な税目での日本の税負担は先進国で最低水準なのです。

日本の法人で法人税を払っているのは全法人の３割強。７割の法人は法人税を支払っていません。日本の所得税の実効税率は主要先進国の中で最も低い部類に属します。累進課税の最高税率も累次の改正で引き下げられましたから、全体として見ても所得税負担の水準は低いのです。

払う立場からすればもちろん税金は安いほうがいいでしょうが、「ただのランチはない」という諺もあります。別に私は財務省の回し者ではありませんが（笑）、こういう事実はぜひよく理解した上で、税の問題を考えていただきたいと思います。

こういう話をすると、「そもそも財政の基本は「入るを計って出るを制する」だろう。増税なんて考える前に政府の無駄を削減するのが先じゃないのか」という反論が必ず返ってきます。

政府の無駄をなくす、というのはその通りですが、前著でも書いたように、日本の公務員数は先進国最少レベル、今や霞が関の労働環境はブラック企業と言ってもいい状態です。政府の仕事はどんどん増えているのに人も金も足りていません。

図表6－3　個人所得税実効税率の国際比較
（単身給与所得者　2020年1月）

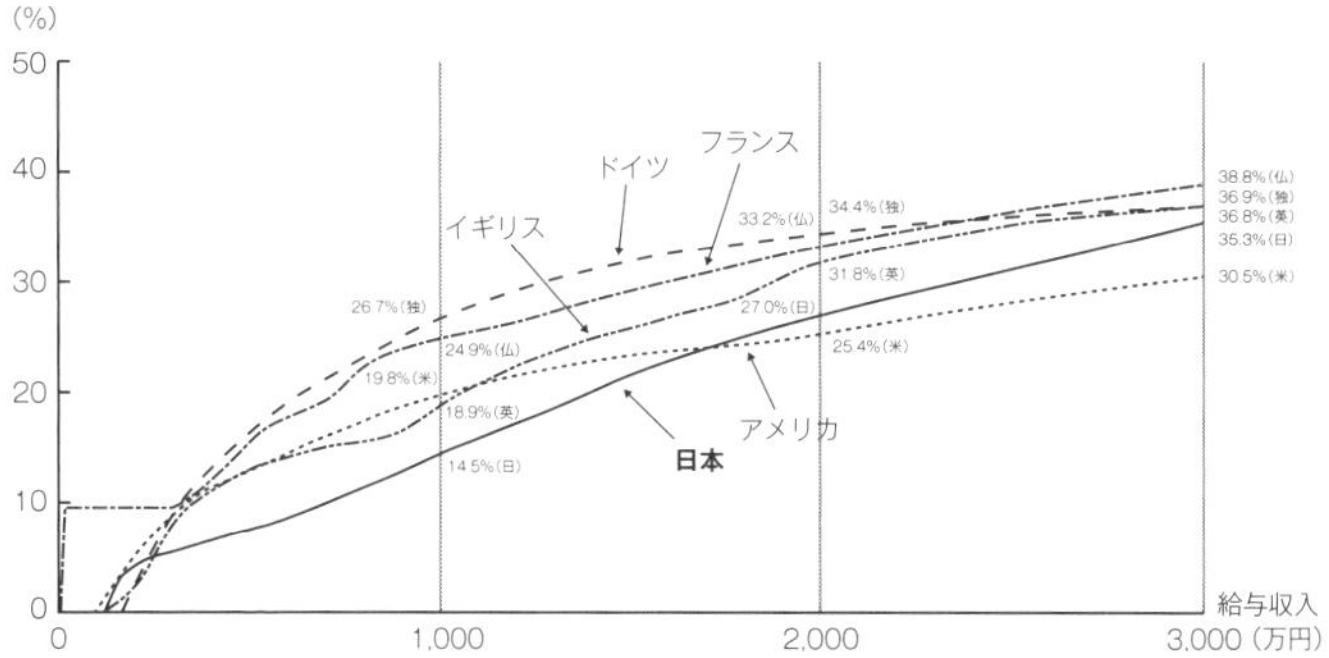

（注1）日本については所得税、個人住民税（所得割）及び復興特別所得税が含まれる。アメリカについては連邦所得税及びニューヨーク州所得税が含まれる。なお、別途地方政府（郡・市等）により所得税が課されうるが、本資料においてはこれを加味していない。ドイツについては所得税及び連帯付加税（算出税額の5.5%）が含まれる。フランスについては所得税及び社会保障関連諸税（一般社会税等：所得税とは別途、収入に対して定率（合計9.7%）で課される）が含まれる。なお、同国では2012年1月から財政赤字が解消するまでの措置として、所得に対して0～4％（3段階）の高額所得に対する所得課税が課される（ただし、上記図中においてはこれを加味していない）。各国において負担率を計算するにあたっては、様々な所得控除や税額控除のうち、一般的に適用されているもののみを考慮して計算しているため、アメリカの勤労税額控除や代替ミニマム税、イギリスの勤労税額控除（全額給付措置）等の措置は考慮していない。
（注2）邦貨換算レート；1ドル＝109円、1ポンド＝141円、1ユーロ＝121円（基準外国為替相場及び裁定外国為替相場；令和2年（2020年）1月中適用）
（注3）表中の数値は、給与収入1,000万円、2,000万円及び3,000万円の場合の各国の実効税率である。なお、端数は四捨五入している。
（出所）財務省（政府税調提出資料）

図表6－4　所得税の最低・最高税率の推移

年次	最低税率		最高税率		刻みの数
	適用階級	税率	適応階級	税率	
昭和 24年	2万円以下	20%	500万円超	85%	14
25	5万円以下	〃	50万円超	55%	8
26	〃	〃	100万円超	〃	〃
27	8万円以下	〃	200万円超	〃	〃
28·29	2万円以下	15%	500万円超	65%	11
30·31	3万円以下	〃	〃	〃	〃
32·33	5万円以下	10%	5,000万円超	70%	13
34·35	10万円以下	〃	〃	〃	〃
36	15万円以下	〃	〃	〃	〃
37~40	10万円以下	8%	6,000万円超	75%	15
41	〃	8.5%	〃	〃	〃
42	〃	9%	〃	〃	〃
43	〃	9.5%	〃	〃	〃
44	3万円以下	10%	6,500万円超	〃	16
45	〃	〃	8,000万円超	〃	19
46~48	40万円以下	〃	〃	〃	〃
49~58	60万円以下	〃	〃	〃	〃
59~61	50万円以下	10.5%	〃	70%	15
62	150万円以下	〃	5,000万円超	60%	12
63	300万円以下	10%	〃	〃	6
(臨時特例法適用後)					
平成 元~6	〃	〃	2,000万円超	50%	5
7~10	330万円以下	〃	3,000万円超	〃	〃
11~18	〃	〃	1,800万円超	37%	4
19~26	165万円以下	5%	〃	40%	6
27~	〃	〃	4,000万円超	45%	7

(出所) 財務省

しかも、そもそも政府が抱えている財政赤字はそんな程度のことで解消できるようなレベルではもはやありません。赤字解消どころか、今日只今の時点でも、私たちは過去の借金を減らすどころか、政府から受けている様々な公共サービスを賄うのに必要な費用をきちんと負担せず、毎日毎日借金をさらに積み上げ続けている状態なのです。

・経済成長の減速

そして三つ目。実はこれが一番大きな問題だったと私は考えているのですが、この間日本経済を成長させることができなかったこと、正確に言えば、歴代政権で繰り返し何度も実施されてきた「成長戦略」がどれ一つとってもうまくいかなかったことです。

そして、なぜこの問題が一番大きな問題だったかというと、繰り返し行われてきた成長戦略、景気対策は、政府による巨額の財政出動（公債の発行や減税）によって賄われてきたということです。

時の政府は何度も何度も成長戦略、景気対策、脱デフレ対策を講じ、そのたびに財政赤字が拡大し、借金が積み上がりました。しかしながら景気回復は一時だけで、財政支出がなくなればまた元に戻ってしまう……、そんなことを繰り返した結果、成長は実現できずに借金だけが積み上がるという、傷をどんどん深くするようなことになってしまったわけです。

我が国が長期デフレに陥った1990年以降、歴代政権が行った経済対策・成長戦略で発行した国債の総額は、今回のコロナ対策で発行した分も含め、150兆円に達しています。

安倍政権でも「アベノミクス」という名の成長戦略で、異次元緩和・財政出動・民間主導の成長、の三本の矢を掲げて様々な経済対策を実施しましたが、当初の目標である「名目3％、実質2％の物価上昇」はついに一度も達成されませんでした。この間の経済成長率は年率1％に満たない状態で、他方で国債発行残高の50％を日銀が保有し、国の長期債務は200兆円以上増大しました。

後の章でお話ししますが、私は、そもそも現在の経済政策を根拠づけている主流派経済学の考え方に問題があるのではないか、という気がしています。

これだけ厳しい歳出削減をやっても増える一方の財政赤字。

最近は、「そもそも財政赤字があって何が悪いのか？」と言い出す人も出てきました。

「国はいくらでも紙幣は刷れるんだから借金が増えても大丈夫」

「国債を買っているのは国内企業や国民だから国の借金は国民の資産。社会保障基金（年金積立金）も入れれば一般政府は黒字だから楽勝だ」

さらに、専門家である経済学者の中からも、昨今はMMTなんていう経済理論も登場していますし、いわゆる左翼・リベラルと言われる陣営からは「大きい政府で何が悪い、弱いものいじめの財政緊縮政策はもうたくさんだ」という声も聞こえてきます。

確かにこの間、財務省は口を開けば「財政再建」ばかり言っています。社会保障も厳しい歳出カットを迫られました。私自身、毎年のように主計当局と大バトルをやってきましたから、念仏のように「財政再建」「緊縮財政」を唱える財務省の話はもう「耳タコ」状態で、「もういい加減にしてくれ」と言いたくなる気持も、正直分からなくはありません。

それはそうなのですが、現実を直視したとき、本当にそんな議論に与してしまって、この国は大丈夫なのでしょうか。私たちは将来世代に顔向けができる確固たる社会を構築できているのでしょうか。

そう考えると、「目をつむればすべてはなくなる」というわけにはいかない。私はそう考えています。

恒常的な財政不均衡

何度も同じことを言ってしつこいと思われるかもしれませんが、社会保障・税一体改革の議論の中でも明らかになっているように、社会保障のみならず、私たちの世代は、自分が受益している公共サービスの費用すら、自らの世代の負担で賄ってはいないのです。

難しい話をすると、景気対策としての財政政策というのがあって、一定の条件下では政策判断としてあえて国が歳出を拡大して需要を創出し景気対策をする――スペンディングポリシーといわれるものです――、というのは現代の経済政策ではあり得る政策選択です。いついかなるときも赤字公債――国の借金――が一切いけない、ということではありません。例えば今回の新型コロナのような緊急事態になった時、公債を発行して財源を確保して経済を守る、国民生活を守る、ということはあり得ますし、やらなければならないことです。

ですが、そもそも恒常的に財政均衡がとれていなくて、景気に関係なく毎年赤字公債を出し続けて公債発行残高が一方的に積み上がっていく、というのはやはり尋常ではありません。

「そもそも財政赤字を気にする必要はない。国の借金＝国民の債権なんだから返さなくってもいいんだ」

「日本は大丈夫だ、現に今だって１０００兆円の借金を背負っていても日本経済はちゃんと回っているではないか。ハイパーインフレが来るとか円が暴落するとか、財務省は狼少年だ」

本当にそうならそれに越したことはありませんが、そんな根拠のない楽観論にすがって、もし本当に危機がきたらどうするのでしょうか。

確かに財政赤字が巨額でも、制御できている間は問題にならない、無視できるのかもしれません。ですが、いったん制御不能になったら手が付けられない事態に発展することになります。世の中そんなに甘いものではない。私はそう考えています。

財政制約は国家の機能不全をもたらす

国家財政の危機は、「財政破綻」「ハイパーインフレ」だけではありません。巨額の財政赤字は国家運営上の大きな制約となり、政策課題に対応する国家の政策選択の幅を狭め、機動的・効果的な政策の遂行を困難にします。

私が最も懸念していることは、むしろこのことです。巨額の財政赤字は、国家の問題解決能力を弱めるのです。

財政破綻が起きないよう、経済に危機が訪れないように、政府は様々な対策を講じていますし、これからも講じていくでしょう。なので、ある日突然紙幣が紙切れになる、超ハイパーインフレが来る、なんてことは――戦争や動乱、天変地異でも起きない限り――そうそう起きないだろう。それは確かにそう言えるのかもしれません。

しかし、巨額の財政赤字はじわじわと、しかし確実にこの国の体力、政策遂行能力を奪っていきます。何せお金がないのですから、やるべき施策をやるべきときに機動的に遂行することができないのです。

すべての対策は「後手」に回り、結果的に問題処理コストを押し上げ、さらに国家財政に負荷をかけるようになります。政策判断が近視眼的になり、長期的視点が必要な政策（人材投資・教育等）への資源配分が行われなくなります。

国家の問題解決能力の低下は、社会の不安定化を招き、かつ国家にはそれを解決する力がない。日本はどんどん「ジリ貧」になっていきます。そうなれば、国家（政府）に対する国民の信任はどんどん低下していきます。

まさに統治の危機、民生の安定が損なわれるのです。

気がついたときには、国は乱れ、国民生活を守ることもできず、世界から取り残されてそれこそぺんぺん草も生えないような惨めな国家に成り下がる。そういう事態になることは十分にあり得るでしょう。今起こりつつあること、現に起こっていることとは、そういうことなのではないでしょうか。

未来はすでに現実になりつつあるのです。

国民に負担を求める改革は、いつの時代も不人気です。政治家としてはできればやりたくない、先送りしたい課題です。そして実際、歴代政権はこの問題を先送りし続け、今日の事態を招いたのです。

成長を実現する（→経済成長すれば税収も増える）ことで財政赤字を縮減する、というのは王道の考え方です。もちろん経済成長は重要です。前著でもお話ししたように、「成長はすべての問題を解決する」（ベンジャミン・フリードマン）と言えるからです。

しかしながら、これまた前著でお話ししたように、今の財政赤字はあまりにも巨額です。ドーマー均衡の定理に従えば、本格的な経済成長軌道に入る前にプライマリーバランスを黒字にしておかないと、成長すればするほど債務残高は拡散してしまいます。

だからこそ、成長戦略が奏功する前に（少なくともそれと同時に）、最低限、プライマリーバランスを黒字にするという目標を達成しておかなければならないのです。

そうでなくても、これから人口減少で、若い世代には厳しい時代が待っています。この国の未来のためにも、私たちは負担の問題を正面から受け止めるべきだと私は考えています。

成長を支える社会保障――「社会保障亡国論」からの脱却

次に、成長の問題を考えたいと思います。

まず初めに、社会保障と経済成長の関係について、これも繰り返しになりますが、押さえておきたいと思います。

主流派のマクロ経済学は、国民負担の増、例えば消費税の引き上げや社会保険料負担の増大は経済成長の足枷になる、と考えています。なので、社会保障負担が大きくなること、政府の財政規模が大きくなることは成長の足枷になると主張します。

今回の社会保障・税一体改革でも、「長期デフレが続く中で増税するなんて正気の沙汰じゃない」「増税なんかしたらせっかくの景気回復の芽を摘むだけだ」という批判が根強くありました。

「増税の前に歳出カット・行政改革・無駄の排除」も定番の反論でした。

歳出の最大項目は社会保障ですから、「社会保障＝財政赤字元凶論」が登場するのは無理もありません。主流派のマクロ経済学者や財政学者は数字で物事を考え、社会保障の「給付＝分配」の面はあまり重視せずもっぱら「負担」の面から理解し、そういう主張をしていました。

しかし、すでにこの本の中でも何度も言っているように、社会保障は単なる負担ではありません。社会保障の本来機能を損なうような歳出抑制は社会の安定を脅かし、結果的に社会の持続可能性と経済成長の足を引っ張ることになります。

そもそも、主流派の経済学者が主張するような「経済と社会保障のトレードオフ」「政府の

図表6－5　国民負担率と経済成長率

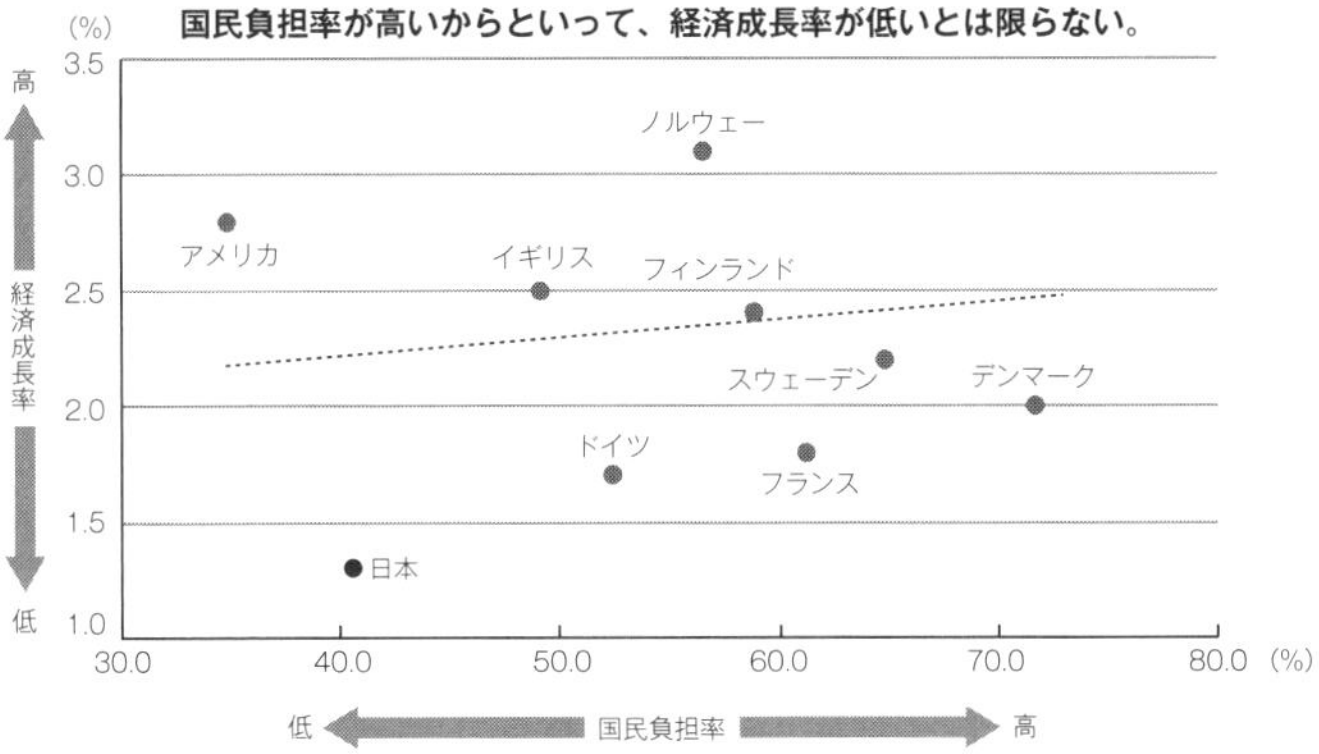

※「国民負担率」: OECDによる最新の実績値（出典：財務省）。値は対国民所得比で、財政赤字を含まない。
※「経済成長率」: 1990年から2008年までの平均成長率（出典：国連統計）。
（出所）財務省統計、国連統計より作成

規模と経済成長のトレードオフ」は現実の世界では実証されていません。

1990年から2008年までの約20年間、最も高い経済成長を実現したのはアメリカと北欧諸国です。日本はアメリカに次いで国民負担率の低い国であったにもかかわらず、先進国で最低の成長率しか実現できませんでした。

再分配の大きさも然りです。「大きい政府＝低成長」という図式は成立していないのです。

後の章で議論しますが、日本が成長しなかった――正確にいうと先進国で日本だけが成長できなかった――理由は、他のところにあるのではないでしょうか。私はそんな気がしています。

図表6－6　分配と成長の関係
～再分配の大きさと経済成長にも相関はない～

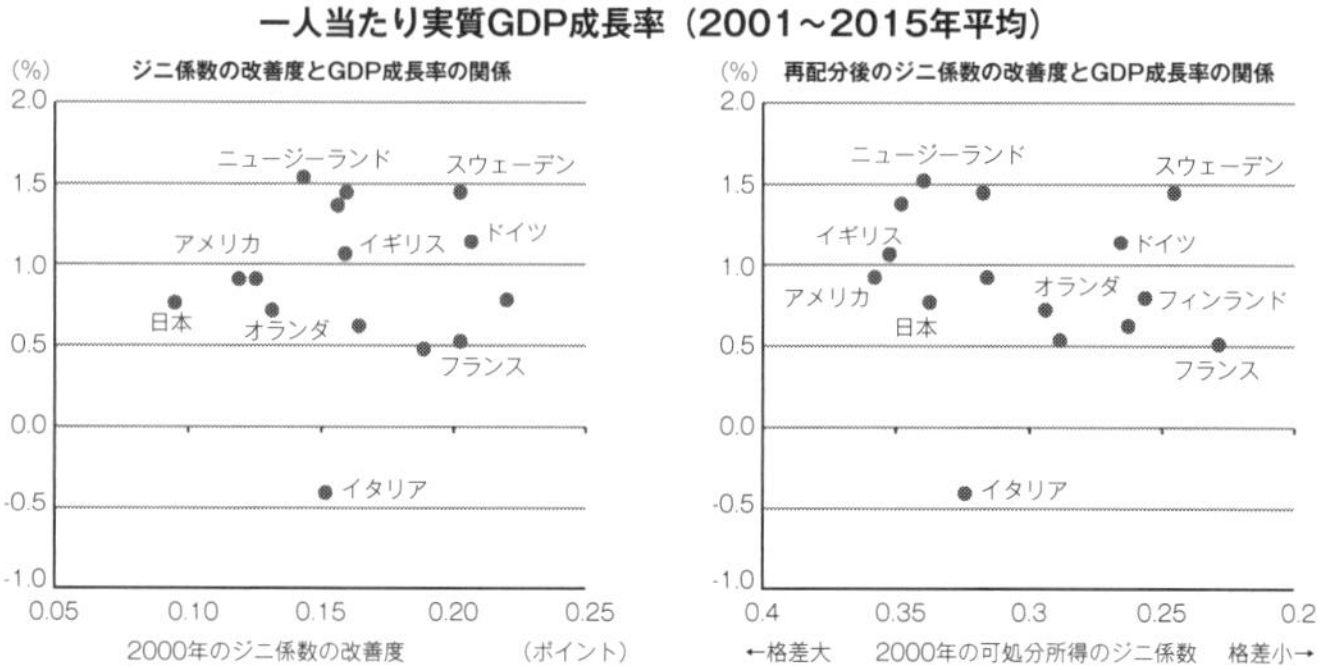

（注）１.「ジニ係数」とは、所得の均等度を表す指標であり、０から１までの間で、数値が高いほど格差が大きいことを示している。
２.「ジニ係数の改善度」とは、税や所得移転による再分配前の「所得（等価当初所得）のジニ係数と、再分配後の所得（等価可処分所得）のジニ係数の差。改善度が大きいほど、ジニ係数が低下したことを示す。
（出所）OECD. Stat（2017年4月20日閲覧）より厚生労働省政策統括官付評価官室作成

他方、格差の拡大と経済成長は、明らかにトレードオフの関係にあります。「格差と貧困」の拡大は持続的成長の抑制要因なのです。このことは、２０１４年に発表されたＯＥＣＤのレポートの中で明確に指摘されています。

格差の問題は、グローバル化が進んだ21世紀の世界経済にとって大きな成長の足かせとなっています。２００１年にノーベル経済学賞を受賞したアメリカ・コロンビア大学のスティグリッツ教授は、こんなことを言っています。

「１９８９年11月9日にベル

図表6－7　「格差と成長」（OECD 2014年）

主要な結論（Key Findings）

○富裕層と貧困層の格差は今や大半のOECD諸国において過去30年間で最も大きくなっている。

○このような所得格差の趨勢的な拡大は、経済成長を大幅に抑制している。

○所得格差の全般的な拡大は、他の所得層を大きく引き離している１％の超富裕層にも牽引されているが、成長にとって最も重要なのは、置き去りにされている低所得の世帯である。

○格差の成長に対するマイナス影響は貧困層ばかりでなく、実際には下位40％の所得層においても見られる。

○これは、とりわけ社会的背景の貧しい人々は教育に十分な投資をしないためである。

○租税政策や移転政策による格差への取り組みは、適切な政策設計の下で実施される限り、成長を阻害しない。

○特に、再分配の取り組みは、人的資本投資に関する主要な決定がなされる対象である子供のいる世帯や若年層を重視するとともに、生涯にわたる技術開発や学習を促進すべきである。

（出所）OECD（2014）“Focus on Inequality and Growth”

リンの壁が崩壊すると、フランシス・フクヤマは『歴史の終わり』を宣言した。

民主主義と資本主義が勝利を収め、これからは経済がかつてないほどの速さで成長を遂げ、豊かさが全世界に広がるだろうと考えられた。

しかしあれから30年、その希望は無残に砕け散った。

資本主義がかつて思われていたほど完全ではなく、効率的でもなければ安定しているわけでもなかった。

過去四半世紀の成長の恩恵を主に受けていたのは、最上層にいる人たちだということがわかった。

市場に任せておけば製品やサービスの生産を効率的に管理できるという思想が、これまで深い影響を及ぼしてきた。それが資本主義の理論的基盤とされてきた。

私たちは今ようやく、アダム・スミスの言う『見えざる手』がなぜ見えないのかを理解した。そんなものは存在しないからだ。

『市場に任せる』というスローガンはもはや意味を成さない。（中略）

かつて右派はこう考えた。市場を再編し、それに伴い政治も変えていかなければならない。そしてレーガン政権時代から、最上層の人々に有利な市場の再編が始まった。だがそこには、大きな過ちが４つあった。

第１に、格差の拡大が多大な影響を及ぼすことを理解していなかった。

第２に、長期的な思考の重要性を認識していなかった。

第３に、共同行動の必要性に気づかなかった。公正で持続可能な成長を実現するには、政府がそれを推進していかなければならない。そして、

第４に、これが何よりも重要な点だが、イノベーション経済を推進しながら、知識の重要性や、テクノロジーの基盤となる基礎研究の重要性を十分に理解していなかった。

その結果、当然予想すべきだったことが起きた。

成長の鈍化と格差の拡大である。」（ジョセフ・E・スティグリッツ「なぜ「資本主義」は輝きを失ってしまったのか」２０１９年12月27日、東洋経済オンライン記事より抜粋）

このスティグリッツ教授の論考に即して言えば、社会保障は教授が指摘する4つの過ちのすべて、特に第1と第4の指摘に深く関わっています。

後の章で詳しくお話ししますが、マクロ経済という視点からの社会保障の機能・役割は「分配」にあります。社会保障を通じた「適切な分配」を行うことは、格差拡大の抑制・消費（需要）の底支えなどを通じて、社会の安定と経済の持続的成長の可能性を高めます。

そして、社会保障分野はそれ自体巨大なサービス産業分野であり、実体的なサービスニーズに裏付けられ、知識社会における基礎的なイノベーションの応用分野として主要な成長可能分野の一つでもあるのです。

2

日本経済は成長できるか——持続的成長のための必須の条件とは

実感なき戦後最長の景気回復

さて、話を日本の経済に戻しましょう。

どうすれば、人口減少が進む日本で、持続的な経済成長を実現することができるのでしょうか。逆に言うと、なぜこれまで取り組まれてきた「成長戦略」や「景気対策」はうまくいかなかったのでしょうか。

事実に即して考えてみましょう。

２０２０年７月、内閣府は「日本経済は後退局面に入った」と宣言しました。COVID-19が猛威を振るう中、経済が大きなダメージを受けたことは誰の目にも明らかでしたが、この宣言が行われるまで、日本経済は「戦後最長の『景気回復』」を続けていた、というのが内閣府——つまりは日本政府の——判断でした。

戦後最長の景気回復？　多くの人は首を傾げます。その実感がないからです。なぜなのでしょうか。

２０１２年にスタートしたアベノミクスは、これまで行われてきた財政出動の代わりに中央銀行である日本銀行が行う「異次元の量的緩和」という事実上の「財政ファイナンス（中央銀行が政府発行の国債を直接買い上げる政策）」によって政策を展開してきました。

ご存知の通り、「大胆な金融政策」「機動的な財政政策」「民間投資を喚起する成長戦略」を「３本の矢」と呼び、デフレからの脱却を目指す経済政策を展開しました。

しかしながら、この７年間、日本経済が確実に復活したという実感はありません。様々な経済指標を見ても同様です。それどころか、日本の国際競争力の低下は目を覆うばかりです。

この30年で日本はどんな変化を遂げたのか、主要な統計上の数値をチェックしてみましょう。議論の公平を期すために、数値はCOVID-19の影響が出る前、２０１９年末段階の数値で考えます。

●平均株価（日経平均株価）

３万８９１５円87銭（１９８９年12月29日終値）⇓２万３６５６円62銭（２０１９年12月30日終値）

●株式時価総額

５９０兆円（１９８９年年末、東証１部）⇒６４８兆円（２０１９年年末、同）

●ドル円相場

１ドル＝１４３・４円（１９８９年12月末、東京インターバンク相場）⇒１０９・15円（２０１９年12月末）

●名目ＧＤＰ

４２１兆円（１９８９年、ＩＭＦ推計）⇒５５７兆円（２０１９年、内閣府推計）

●１人当たりの名目ＧＤＰ

３４２万円（１９８９年）⇒４４１万円（２０１９年）

●世界経済に占める日本経済の割合

15・３％（１９８９年、ＩＭＦ推計）⇒５・９％（２０１８年同）

●人口

１億２３２５万人（１９８９年、10月現在）⇒１億２６１８万人（２０１９年、11月現在）

●政府債務

２５４兆円（１９８９年度、国と地方の長期債務）⇒１１２２兆円（２０１９年度同）

●政府債務の対ＧＤＰ比

61・１％（１９８９年）⇒１９８％（２０１９年）

●企業の内部留保

１６３兆円（１９８９年、全企業現金・預金資産）⇒４６３兆円（２０１８年度）

１９８９年はバブル崩壊の直前、日本の絶頂期だった年です。そこから20年、日本の名目ＧＤＰは１９８９年度の４２１兆円から２０１９年度で５５７兆円になりました。年率平均約１・２％の伸びです。他方でこの間、世界経済全体のＧＤＰは日本のほぼ2倍で成長しました。その結果、世界経済に占める日本のウエートは１９８９年の15・３％から２０１８年の５・９％へと３分の１近くにまで落ち込みました。アメリカも１９８９年の28・３％から２０１８年の23・３％にやや低下していますが、縮小の規模は比較になりません。一方、中国は２・３％から16・１％へと大躍進し、新興国や途上国全体も18・３％から40・１％へと拡大しました。

日本だけに起こったデフレ

主要先進国の中でこれだけ低成長＝デフレが続いていたのは日本だけです。言ってみれば経済の長期停滞は日本だけの現象と言っていいのです。

バブルが崩壊し経済が停滞する中で、企業の行動様式が大きく変化しました。言ってみれば「ゼロ成長に順応した経営」です。バブル崩壊の後遺症もある中、各企業は設備や人材への投資を絞り、ひたすら資金を貯め込み、財務体質の改善に励むようになりました。

この「設備投資と賃金の圧縮」は日本経済自体を沈み込ませました。低い設備投資は需要減となって景気を冷え込ませ、地価も下落させました。低賃金は消費を縮ませ、投資抑制と重なってデフレと景気停滞につながり、結果として企業の売上高は伸び悩み、資産効率も低下していきました。

この状態が長引いたことが、人々に先行きの低成長継続を予想させ、それがさらなる投資・賃金の抑制につながり、売り上げ停滞をさらに継続させていくことになりました。

成長が望めないとなれば、経営者はコストカットで収益を追求することになります。「低設備投資」「低賃金（人件費）」の減量経営がもてはやされ、結果的には「資産効率の低下」「売上高の低迷」があっても仕方がない、利益が確保できればいい、という経営戦略が一般化していったように思います。

売上高が伸びなければコスト（投資・人件費）を抑えて利益を確保する、ということは個々の企業の選択肢としては否定できません。しかしながら、その個別最適の集積が日本経済の停滞につながる「合成の誤謬」をもたらしたということではないでしょうか。

元経済財政諮問会議議員で東大名誉教授である吉川洋教授は、その著書『デフレーション』（日本経済新聞出版）の中で、「（企業行動の）合成の誤謬としてのデフレ」と表現しています。

企業競争力の低下

スイスにあるＩＭＤという研究所が毎年公表している「世界競争力年鑑」というレポートがあります。これによれば２０１９年時点での日本の企業競争力は30位。中国・韓国以下です。

実は今から28年前、１９９２年の日本の企業競争力ランキングは第1位でした。その後下がり続け、２００９年には中国に抜かれ、今や韓国にも抜き去られました（図表６－８）。

ＩＭＤのレポート(*)は、企業の競争力を測る指標（「企業が持続的な成長と雇用の創出を可能とする環境がどの程度整備されているか」を示す指標）として、①経済のパフォーマンス、②政府の効率性、③ビジネスの効率性、④インフラの４つを挙げ、さらにそれぞれの項目について５つの小項目を挙げています（図表６－９）。

日本の項目別ランキングは、

・「経済パフォーマンス」16位

図表6－8　企業競争力国際比較　ランキングの推移

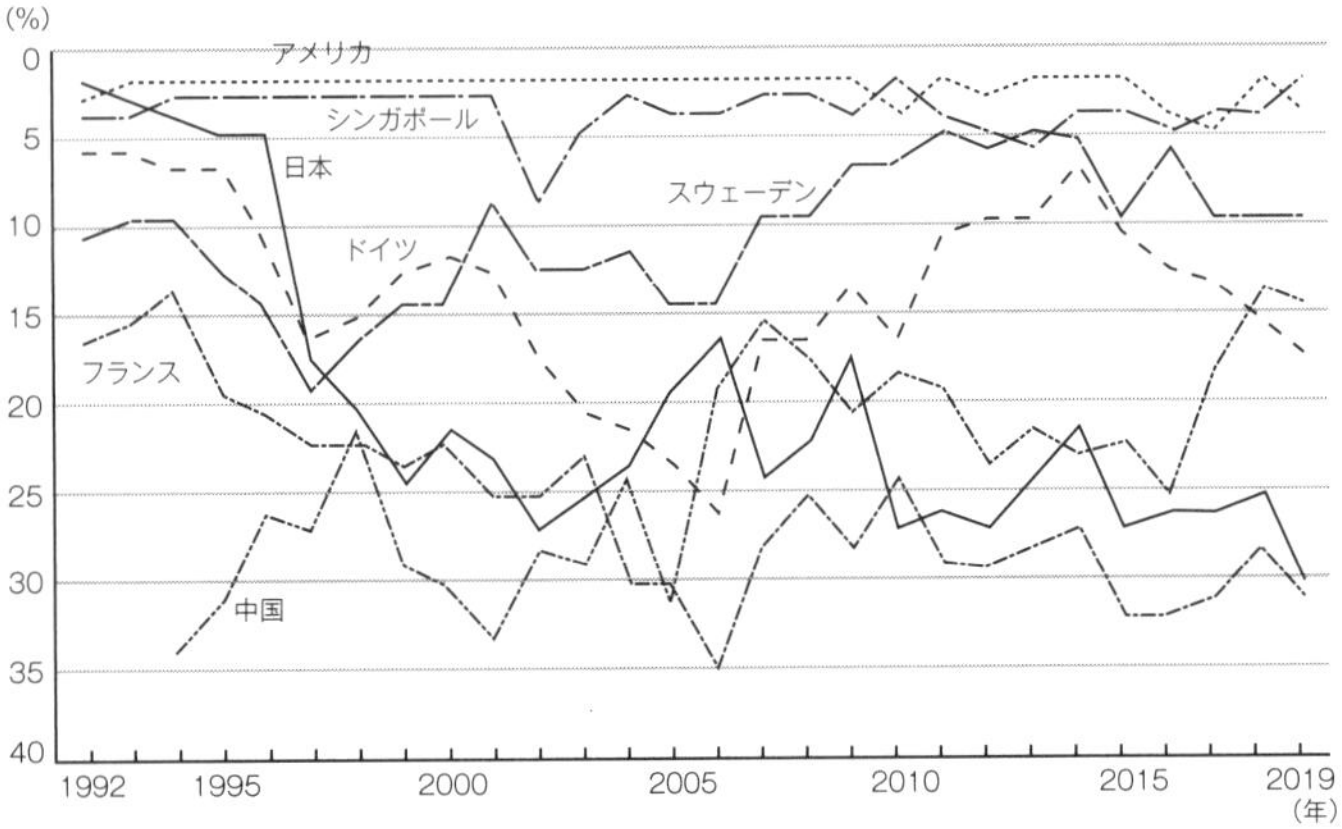

（出所）IMD（International Institute for Management Development）

図表6－9　IMDによる「企業競争力」の指標

「企業が持続的な成長と雇用の創出を可能とする環境がどの程度整備されているか」

Economic Performance [経済パフォーマンス]	Government Efficiency [政府の効率性]	Business Efficiency [ビジネスの効率性]	Infrastructure [インフラストラクチャー]
Domestic Economy [国内経済] International Trade [国際貿易] International Investment [国際投資] Employment [雇用] Prices [価格]	Public Finance [財政] Fiscal Policy [財政政策] Institutional Framework [制度的枠組み] Business Legislation [ビジネス法制] Societal Framework [社会的枠組み]	Productivity [生産性] Lavor Market [労働市場] Finance [金融] Management Practices [経営慣行] Attitudes and Values [価格体系]	Basic Infrastructure [基礎的インフラ] Technological Infrastructure [技術インフラ] Scientific Infrastructure [科学インフラ] Health and Environment [健康及び環境] Education [教育]

（出所）IMD（International Institute for Management Development）

・「政府の効率性」38位
・「ビジネスの効率性」46位
・「インフラ」15位

となっていて、ビジネスの効率性の数値が極めて低いことが分かります。

ちなみに、この「ビジネスの効率性」は過去5年間で25位から46位へと低下していて、小項目で見ると、「ビジネスの効率性」のうち、

・「経営慣行」は63ヶ国中60位
・「生産性」は56位
・「価値体系」は59位

となっています。

このレポートから読み取れることは明らかです。

日本の企業競争力の低下を招いているのは、日本経済のパフォーマンスでもビジネス環境（インフラ）でもない。ビジネス、すなわち企業自身の経営の効率性であり、集中、経営慣行と生産性、そして価値体系、つまりは付加価値を生み出すことへの感度にあるということです。

それにしても、惨憺たる結果、と言ったら言い過ぎでしょうか。

（＊）ＩＭＤはこのレポートとは別に、「Digital Competitiveness Ranking」というのも発表しています。

これによれば、アメリカ1位、シンガポール2位、スウェーデン3位、香港8位、韓国10位、台湾13位、中国22位、で日本は23位。どう考えても日本が「ＩＴ先進国」とは到底言えません。

私は経済学者でもありませんし、経済学を専門とする者ではありませんが、私の拙い経済学の知見によれば、21世紀の経済の特徴は、供給力とマネーの分裂にあるんだそうです。緊縮財政で物価を抑制し、長期金利を低めに誘導し、金融緩和（異次元緩和）で資産価格を高騰させ、一種のバブルによって収益を求める。言ってみればこうした経済思想が実物と信用を乖離させた。そういうことなのではないかと思います。

後の章で「真に行動変容すべき『改革の名宛人』は誰か」というお話をしますが、企業が必要な実物への投資を恐れ、投資と賃金を抑制した結果、政府の借金と裏腹に企業部門に巨額の内部留保が形成されました。他方でＩＭＤが示すように、国際的に見れば日本の企業競争力は低下の一途を辿り、国内を見れば経済は成長せず、格差が拡大していっています。革新的イノベーションは起こらず、世界のＩＴ化の流れからも取り残されつつあります。

経済成長とは、労働力と設備投資の増加、それに生産性の向上で実現されるものです。割り切って言うと、生産性の向上は、設備投資という企業行動の中に体現される創意工夫（イノベーション）がもたらすものです。したがって、企業が設備投資をいかに促進するかが成長政策の鍵になるのではないでしょうか。

もちろん、投資に見合う収益がなければいけませんから、設備投資は利潤動機に導かれます。政府は一貫して低金利政策を取り続け、企業の投資環境を整備しようとしています。そして、需要の不確実性は投資のリスクとして経営者の投資行動に大きな影響を与えますから、現在のような不況期には、どうやって需要サイドを安定させるか、需要を喚起するかが政府の経済政策の最も重要な役割になる。私はそう考えています。

この問題を経済成長のもう一つの要素である労働力との関係で考えれば、非正規労働者の社会保険（健康保険・厚生年金）への加入差別をなくして完全適用を行い、同一労働同一賃金原則を貫徹すれば、社会保障制度は安定し、長期的に収支改善に貢献する。しかも、労働供給を促進し、総需要を底上げして成長を押し上げ、税収も伸ばすことができるはずです。

需要を増やすのであれば、保育や介護の充実のような、少子化の緩和に寄与し、労働供給を高めて成長力を強める施策を選ぶべきだと私は思います。

低所得の多い保育や介護の待遇改善と人材確保にも役立つし、所得再分配の効果もあり、非正規に苦しむ母子家庭の助けにもなるでしょう。

残念ながら歴代政府はその道に優先順位をつけてきませんでした――正確に言えば、問題意識はあったのかもしれませんが、結果的に十分な対策、必要な優先順位をつけることができませんでした。

最優先で取り組むべきであった少子化対策（私の言葉で言えば家族支援政策）を後回しにし、戦力の逐次投入を続けた結果が、今日の事態。そういうことではないかと思います。

3

付加価値生産性を高める
――持続的成長の実現のためにすべきこと（1）

持続的な成長のために取り組むべきことは、私は二つあると考えます。

一つ目は「生み出す付加価値を増やすこと＝付加価値生産性を高めること」です。

ＧＤＰというのはその国の経済が生み出した付加価値の総和ですから、経済成長とは産み出す付加価値を増やすことに他なりません。当たり前じゃないか、と思われるかもしれませんが、私がここで問題提起したいのは、ここで言う「付加価値」の意味するものは何か、ということです。

二つ目は「産み出した付加価値＝成長の果実を確実かつ公正に分配すること」です。

ここでいう「確実かつ公正な分配」には、二つの意味があります。

一つは、「社会の構成員の厚生を最大化すること」です。まさに社会保障がその機能として担わなければならないことです。

そしてもう一つは、「社会経済の持続的発展にとって最も効率的かつ効果的な部門間付加価値分配を行うこと」です。

「部門間」とは、国民経済を構成する三つの主体、すなわち①企業部門、②家計部門（＝労働者）、そして③一般政府（公共部門）です。

以下、それぞれについてお話ししていきます。

大事なのは付加価値生産性

ＧＤＰ（国内総生産）とは、文字通り一国が1年間に生み出した付加価値の総和です。言い換えれば個々の経済主体が生み出した付加価値のΣ（総和）ということです。

より多くの付加価値を生み出すにはどうすればいいのか。

売り上げを伸ばし利潤を上げる。経済学っぽい言い方をすれば、より少ない投入で産出量を増やす、つまりは生産性を上げることがとても重要です。

当たり前と言えば当たり前なのですが、この「生産性」というのがちょっとクセモノです。「生産性」には「物的生産性」と「付加価値生産性」という二つの概念があります。大事なのは「付加価値生産性」の方。世の中この「生産性」あるいは「労働生産性」という言葉をきちんと定義しないで使っている場合が結構ありますので要注意です。

「物的生産性」とは文字通り、同じ時間内にどれだけたくさんのモノをつくるか。同じ仕事をどれだけ少ない人数・時間（少ない労働投入量）でやるか。お客さんの数が同じならホールの人数は少ない方がファミレス従業員の「物的生産性」は高いことになります。

他方、付加価値生産性は、同じ時間・同じ労働投入量でどれだけの「付加価値」を生むか。早い話が、売れないケーキをどんなに早くたくさんつくれても（つくる技量を持っていても）、誰もそのケーキを買わなければその人の付加価値生産性はゼロ。

他方で1日に1個しかケーキをつくれない職人でも、その1個がすごく高く売れるのなら、その人は付加価値生産性の高い職人です。

「付加価値」とはその企業の売り上げから外部に支払った原材料費などを引いたものです。その付加価値を労働者の数で割れば「労働者一人当たりの付加価値生産性」になるし、総労働時間で割れば「労働者の単位労働時間当たりの付加価値生産性」になる、というわけです。

利益も給与も付加価値の一部

ここでとても大事なことがあります。

「企業の生み出した付加価値」と「企業の利益」とは違います。

「付加価値」は、①労働者の所得（人件費）、②公の所得（公共費用＝税金）、そして③資本の所得（利子・配当、企業の内部留保（これがいわゆる「利益」））で構成されます。

つまり、企業の利益とは「付加価値の一部」であり、同じように労働者の給与もまた「付加価値の一部」だ、ということです。

多くの人は、人件費はコストの一部、と考えています。確かにモノを作ったりサービスを提供したりするには「労働力＝人間」が必要ですから、企業活動にとって人件費は「必要経費」です。税制上も人件費は必要経費として課税対象から控除されます。

しかし、「企業の生み出した付加価値」という観点で見ると、原材料費のような「外部に支払うコスト」と「人件費」とはまったく意味の違うものです。

利益も労働者の給与も「付加価値」の一部であり、付加価値の中から分配されるものです。言ってみれば「利益は企業の付加価値の取り分」「給与は労働者の付加価値の取り分」ということです。

労働者の給与を下げれば、付加価値が増えなくても利益は増えます。付加価値が増えないのに給与を上げれば利益は減ります。

つまり、給与にせよ利益にせよ、最後は「付加価値の分配」で決まるということになるわけです。

日本の労働力の質は高い

端的に言ってしまえば、「付加価値生産性」の話というのは、労働者の働き方の問題ではなく、実は企業経営者の経営能力の問題です。

自分のつくっている商品・サービスをいかに高く売ることができるか、いかに付加価値の高い商品を開発し、可能な限り高い価格で売ることができるか、労働者の能力をいかに付加価値の高い商品をつくりサービスを提供することに結び付けられるか。付加価値生産性というのはそういうことにかかっている、ということです。

労働者の賃金を低く抑えて、つまりコストカットで利益を上げたところで、付加価値が増えなければ社会全体のＧＤＰも増えないし、企業価値＝株価も上がりません。

図表6－10　時間当たり実質労働生産性の伸び率　国際比較

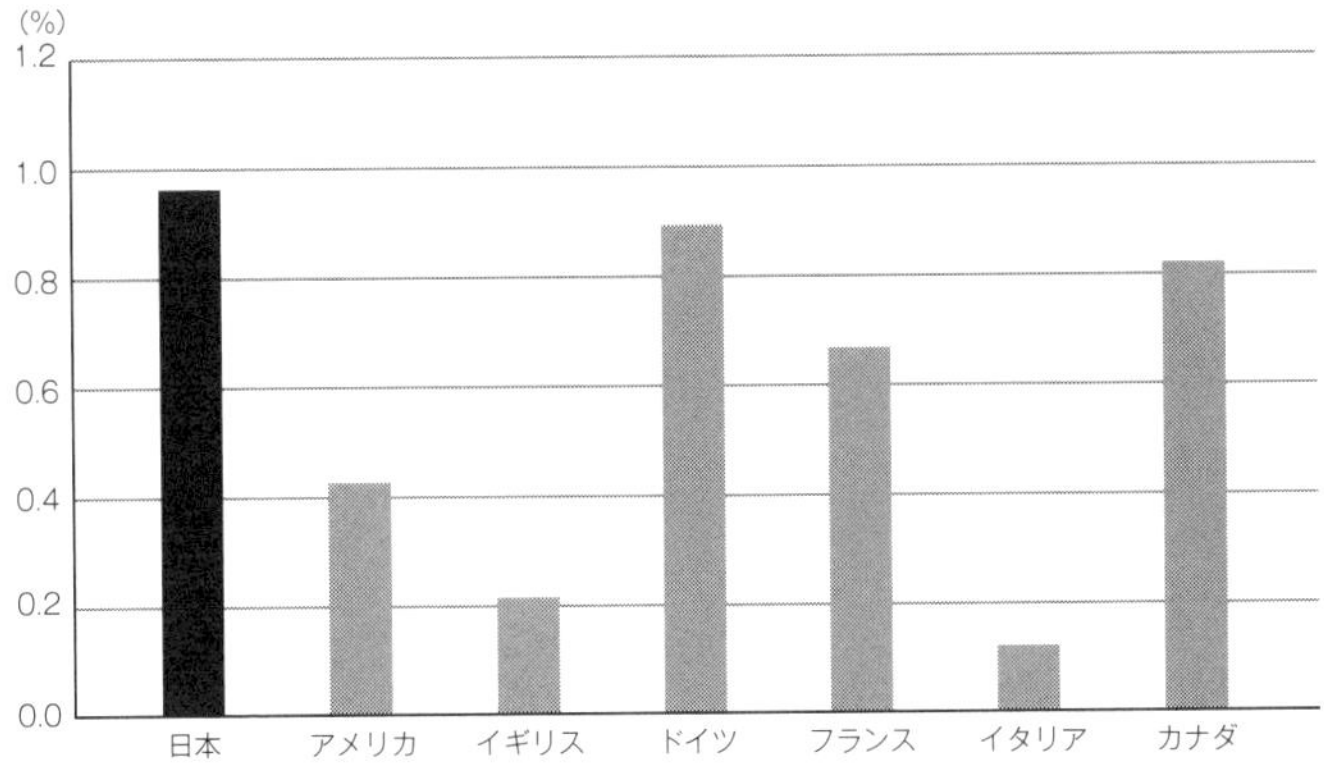

（注1）生産性＝実質 GDP ／総労働時間
（注2）2012 － 2016 年平均
（出所）OECD

「労働者の能力をいかに付加価値に結びつけるか」ということで言えば、日本の人的資本の質が高いことは国際的にも認知されています。世界経済フォーラム（World Economic Forum）のデータによれば、日本の労働者の質は世界第4位です。

　国際比較で「低い」とされる日本の労働生産性ですが、「伸び率」という観点で見ると、2012年から2016年までの日本の時間当たり実質労働生産性（実質GDP／総労働時間）の平均伸び率は、EU諸国やアメリカを上回っています（図表6－10）。

　同様に、1990年代以降の日本の生産年齢人口一人当たりの実質GDPの伸びを見ても、先進諸国に比べまったく遜色あり

図表6－11　G7諸国の実質GDP成長率の国際比較（1990年～2016年）

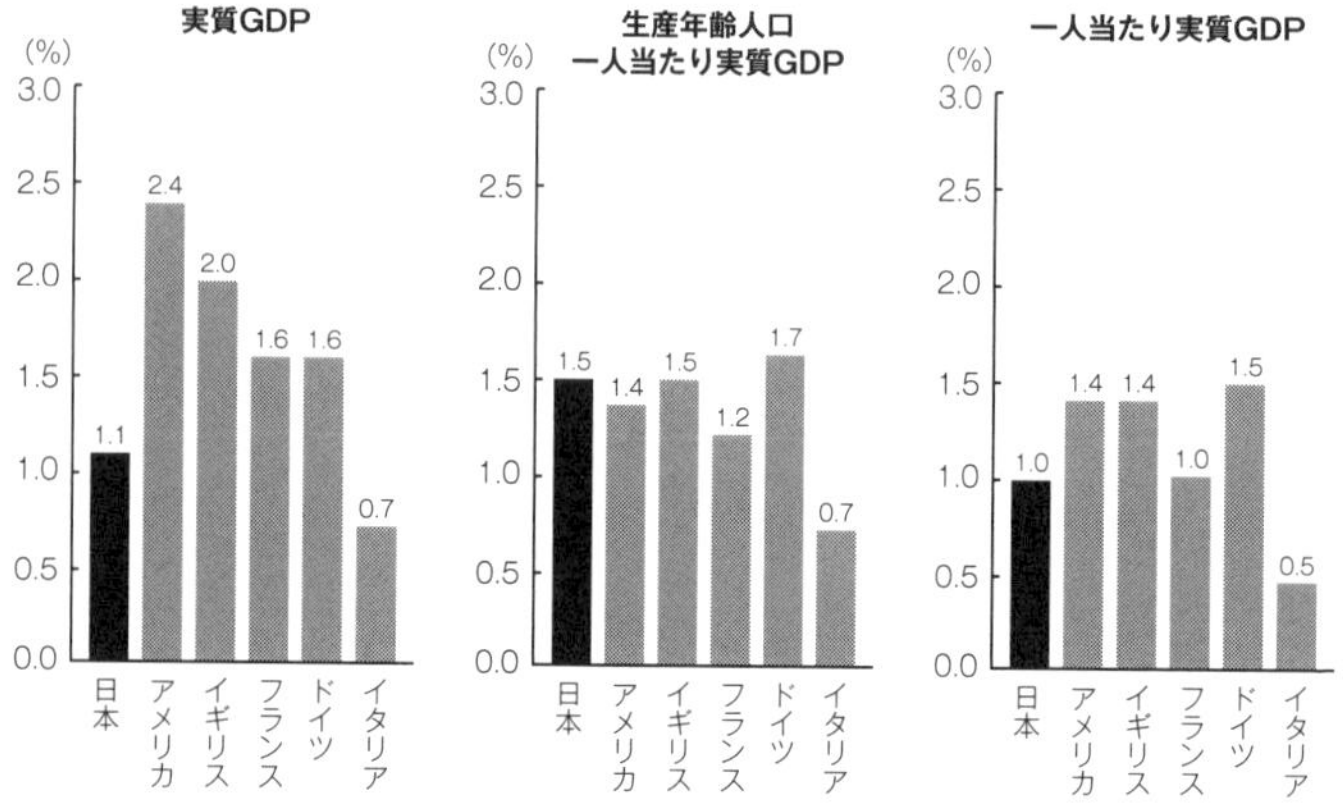

（備考1）世界銀行 “World Development Indicators” より作成。
（備考2）1990～2016年について、各年の成長率は幾何平均。
（出所）財務省

ません（図表6－11）。

にもかかわらず、賃金が伸びていません。

90年代以降、EUもアメリカも一人当たり実質労働生産性の上昇に見合って一人当たり賃金も伸びています。そうなっていないのは日本だけです。どういうことなのでしょう（図表6－12）。

「労働者全体に配分している総雇用者所得は増えている」という議論があります。確かにここ数年、マクロで見た「総雇用者所得」は増えています。にもかかわらず「一人当たり」の雇用者報酬は伸びていません。なぜでしょう。むしろそのことの方が問題です。

この間、それなりに経済状況は好転し

図表6－12　賃金と実質労働生産性の国際比較

一人当たり実質労働生産性は我が国においても上昇してきたが、ユーロ圏及びアメリカで一人当たり実質雇用者報酬も上昇を続けている一方、我が国においては伸び悩みが見られる。

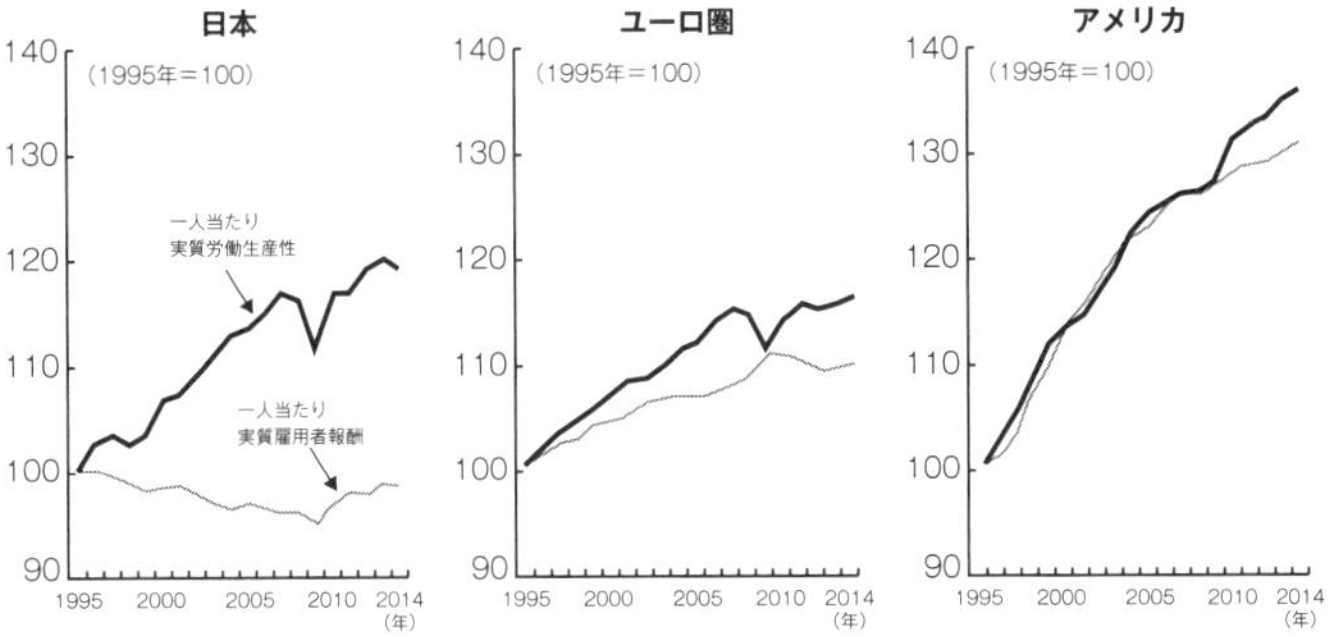

（注）ユーロ圏の国は、オーストリア、ベルギー、デンマーク、フィンランド、フランス、ドイツ、ギリシャ、アイルランド、ルクセンブルク、オランダ、ポルトガル、スペイン、スウェーデン、イギリス。
（出所）OECD. Statをもとに厚生労働省労働政策担当参事官室にて作成

て雇用者総数は増え、総労働時間も増えました。雇用者が増えたので総雇用者所得も確かに増えました。

しかし、増えた雇用者の多くは高齢者や女性などの非正規労働者です。

一方で「日本の労働者の単位時間当たりの付加価値生産性」は上がっています。もし彼ら（彼女ら）に「同一価値労働同一賃金」が支払われていたならば、総雇用者所得の増大に見合って一人当たり雇用者所得も増えてくるはずです。にもかかわらず雇用者数の増大・総労働時間の増大に見合って雇用者所得総額が増えていない。

ということは、すなわち、この間、賃金の安い労働者を多く雇用することで雇用者増を賄った、ということであり、マクロで見れば、付加価値労働生産性の上昇に見合う労働者への付加価値の分配が行われてこなかった、そういうことになるのではないでしょうか。

アゼルバイジャン赴任中、一時帰国で日本に戻った機会に、デービッド・アトキンソンさんとお話をする機会がありました。

ご存知の方も多いと思いますが、彼は日本経済に関する多くの著書の中で、「生産性」をキーワードに、優秀な労働者の質を活かすことのできない企業経営者の姿に警鐘を鳴らしています。

それ以外にも日本経済に関する様々な彼の指摘には共感するところ大でした。

私事になりますが、私は自営業者の家庭に育ちました。父は96歳、もちろんもう引退していますし、後を継ぐ者がいなかったので家業はたたみました。

小さい頃から父親の事業経営を見てきた私に言わせれば、厳しいことを言うようですが、きちんとした賃金が払えないような「生産性の低い」企業、労働者の能力にふさわしい付加価値を生むような「働かせ方」を実現できない「有能でない経営者」を抱えて続けていけるほど、日本が置かれている状況は甘くないように思います。

そうでなくても人口減少で労働力は不足していきます。低い給料しか払うことのできない企業、低賃金の非正規労働者や外国人労働力に頼っているような企業を今のまま放置しておくのは「大事な労働力の無駄遣い」ということになるのではないでしょうか。

真の名宛人は企業である——変わるべきは企業である

政府は「生産性革命―イノベーション」に取り組んでいます。「新・3本の矢」の中でも、一億総活躍社会の実現・成長の好循環を支える取り組みとして、「労働分配率向上」「労働参加率向上」と並んで、「生産性革命」が明確に位置付けられています。

生産性革命が叫ばれる、とは、日本企業のそうした付加価値生産性の低さにようやくみんな気がつきだした、というメッセージではないのでしょうか。生産性革命をやらないと労働分配率も上がらない、国民全般の生活水準は上がらない。そういうことです。

付加価値生産性を向上させるための最も有効な手段はイノベーションです。新しい商品・新しいサービス、すなわち、

・消費者の間でまだ知られていない財、新しい品質の財を生み出すプロダクション・イノ

ベーション

・新しい生産方法を開発し、導入するプロセス・イノベーション

・新しい販路・市場を開拓するマーケット・イノベーション

・原料や中間生産品（素材や部品）の新しい供給源を獲得するサプライチェーン・イノベーション

イノベーションの有り様を踏まえると、それらはすべて資本＝企業の取り組みであることが分かります。つまり、イノベーションを起こすのは企業、あるいは起業家たちだということです。リスクを負って挑戦する企業や起業家がいないとイノベーションは起こりません。

もちろん結果がうまくいくかどうかは不確実です。でもそれに賭けて未来に挑戦していくのが経営者精神というものであり、「イノベーション」の成否、その可能性の高さを保証するのが現場を支える人的資本（労働力の質の高さ）。そういう順番ではないかと思います。

つまり「生産性革命」も「働き方改革」も「成長戦略」も、真の名宛人は「企業」と「経営者」なのです。

先ほど指摘したように、日本の人的資本の質が高いことは国際的にも認知されています。日本の労働者はとても優秀ですし、それこそ労働者は身を粉にして働いています。にもかかわらず、高い人的資本に見合った付加価値を生み出せていない。ということは、要するに日本の企

業経営者は労働者の能力を付加価値に結びつける経営ができていない、ということになるのではないでしょうか。

付加価値生産性を高める経営をして労働者の給与を上げ、それこそ社会保険もきちんと適用して能力にふさわしい処遇をする。それができないような、「付加価値」を生み出せないような企業・経営者には市場から退出してもらう。「成長につながる競争」とはそういうことなのではないでしょうか。

繰り返し申し上げますが、経済成長とは、一国経済の「付加価値の増大」です。とすれば、「成長戦略」とは「付加価値創出・最大化戦略」でなければなりません。「付加価値」と「利益」は別のものです。低成長下で消費が伸びず、企業の生み出す付加価値が増大しない中で、イノベーションに挑戦することもなく、企業が利潤極大化のために労務コストを下げていけば、市場＝消費はどんどん小さくなり、いずれは付加価値の総額であるＧＤＰも低下します。雇用者所得を犠牲にして企業の利潤を増やしても、経済成長の計量単位であるＧＤＰは増大しないのです。

まるでタコが自分の足を食べているようなものです。壮大な合成の誤謬、縮小再生産、ネガティブスパイラル以外の何者でもないのではないでしょうか。

4
「分配」による最適化
——持続的成長の実現のためにすべきこと（2）

次に、持続的成長の実現のためにすべきことの二つ目として、「付加価値の分配」の問題を考えてみましょう。

この問題は、社会保障の機能、役割と深く関係があります。

付加価値の分配に社会保障はどう関わっているのか

少し専門的になるかもしれませんが、一国の経済が生み出した「付加価値」は、

①家計の所得（雇用者所得、利子）、

②公の所得（公共費用＝税金）、

③資本の所得（配当、企業の内部留保（利益））

に分配されます。

経済成長という観点からこの「付加価値の分配」を考えれば、付加価値は、社会を構成する個人の厚生の最適化（Σの最大化）だけではなく、社会経済の発展と持続可能性にとって最大の効用をもたらすように、上記の①～③の各部門に分配されているか、ということが重要になります。

言うまでもなく、①は消費、すなわち需要、②は公共サービス、③は投資（生産）に関わっています。

「分配」の歪み――日本経済の異常事態

「最適な分配」という観点から日本の状況を見ると、非常に歪んでいると言わざるを得ない状況が続いています。

まずは、③資本（企業）と①家計（賃金）との関係です。

すでに述べたように、この間企業部門は人件費を含むコスト（企業にとってのコスト）を圧縮して利益を確保してきました。具体的には非正規労働者を多く雇うことをしてきたので、全体として雇用者への分配が少なくなると同時に、雇用者間の所得格差が拡大しました。

非正規労働者の拡大は若い世代、後から労働市場に参入した世代ほど大きくなっていますから、この格差は世代間の格差にもつながりますし、同世代の中でも運よく正社員になれた者となれなかった者の間の格差ということにもなります。

また、③は資産への分配ですから、賃金格差の累積に加えて、金融資産や不動産を持つ者とそうでない者との間の格差、すなわち資産格差も拡大しました。

さらに、その状態が長期にわたって続いていることから、社会を支える中間層が少しずつ崩れ、ごく少数のものを除いて多くの者が低位所得階層へと転落していきました。

次に②公共（政府）と①家計・③企業との間の関係です。

通常の経済であれば、この三部門の収支は、貯蓄があるため家計部門は黒字、設備投資をするため企業部門は赤字、公共部門は収支均衡というのが、一般的かつ正常な姿です。しかし、今の日本は黒字が家計部門と企業部門に集中し、公共部門つまり政府部門が大きな赤字を抱えています。そして家計部門の黒字（貯蓄）は特定の富裕層に集中しています。

通常であれば設備投資等を通じて成長に貢献する企業部門が膨大な黒字（内部留保）を抱え、国債購入を通じて政府部門の赤字をファイナンスし、資本市場で資金を運用して収益を確保している。つまり、投資にお金が回っていない。

世界規模で起こっている格差拡大

前著でも指摘しましたが、格差の問題は一人日本の問題ではなく、世界中で進行している問題です。

「格差と成長」と題した２０１４年のＯＥＣＤのレポート（“Trends in Income Inequality and its Impact on Economic Growth”）は、加盟国の富裕層と貧困層の格差は過去30年間で最大になっており、このような所得格差の趨勢的な拡大は世界経済の成長を大きく抑制している、と述べています。

さらにＯＥＣＤの報告はこう指摘しています。

「このような所得格差の全般的拡大は、他の所得層を大きく引き離している１％の超富裕層によっても牽引されているが、成長との関係で最も重要なのは、置き去りにされている低所得の世帯である」

「経済成長に格差が与えるマイナスの影響は貧困層ばかりではなく、実際には下位40％の所得層においても見ることができる」

「格差と貧困」と聞くと、多くの人は貧困層の抱える困難に目を奪われがちですが、経済成長の観点からは、中間層の所得が減少し生活に困窮すること、つまり、中間層の崩壊が最も大きなマイナス要因だと、ＯＥＣＤのレポートは指摘しているのです。

格差の拡大、中間層の崩壊が経済成長にマイナスの影響を与えるのは、所得の減少が人的投資の縮小を招くからだ、とＯＥＣＤは指摘しています。低所得層の人々は、次世代の子どもたちに十分な教育を与える力（教育投資を行う余裕）がありません。十分な教育を受けられなければ、賃金の高い仕事を得ることができません。社会全体としても十分な人的資本投資が行われないので、人材が育たず、労働力の質も上がらないので社会の活力が失われ、成長が阻害されるのです。

そのため、適切な租税政策や社会保障により格差の解消に取り組むことが経済成長にとって重要なのです。ＯＥＣＤのレポートは、人的投資の観点から、再分配の取り組みは子どものいる世帯や若年層を重視するとともに、生涯にわたる技能開発や学習を促進すべき、と結論付けています。

「生涯にわたる技能開発や学習」の成功例は２０００年代以降の北欧です。一方で競争力を失った企業は救済せず市場から撤退させ、企業の新陳代謝、産業構造の転換を進めるという厳しい産業政策を採用しつつ、他方で失業者に対しては公的な職業訓練を徹底して成長分野で働けるスキルを身につけさせて、再び労働市場に送り込んでいく政策を採りました。失業なき労働移動、積極的労働市場政策と呼ばれる政策です。

　この節の最後に、もう一度、先ほどのスティグリッツの論考からの指摘を引用しておきます。

> 「政治・社会組織の発展には、法の支配、規律正しい競争市場、抑制と均衡により制御され、『真実を語る』機関を幅広く備えた民主主義体制の確立が含まれる。これらの発展が、過去2世紀にわたり生活水準の大幅な向上を支えてきた。
>
> だが、40年ほど前から憂慮すべき二つの変化が見られるようになった。成長の鈍化と、大多数の国民の所得の停滞または減少である。それとともに、最上層にいるごく少数の国民と残りの大多数の国民との間に、巨大な溝が生まれた。
>
> 　このまま進路を変更しなければ、何も変わらない。経済や政治や社会はますます機能不全に陥っていく。これまで数世紀にわたり進歩を支えてきた科学や機関や制度、とりわけ真実を語り評価する機関への攻撃が続けば、成長はさらに鈍化し、格差はさらに拡大するばかりだろう。
>
> 　広く共有されている基本的な価値観（銀行家が示してきたような貪欲や不誠実ではなく、経済・政治・宗教の指導者がよく口にするようなもっと高い価値観）と一致する経済、そ

のような経済は、私たち個人や社会を望ましいものに変えてくれるに違いない。それは、大多数の市民が望みながらも、手の届かないものになってしまっていた『中流階級』の生活を市民に提供する、より人間味のある経済である。

経済は目的達成のための手段であって、目的そのものではない。適切に設計され、十分に規制された市場と、政府や市民社会のさまざまな機関とが力を合わせるしか、新たな世界を切り開く方法はない」（ジョセフ・Ｅ・スティグリッツ「なぜ『資本主義』は輝きを失ってしまったのか」２０１９年12月27日、東洋経済オンライン記事より抜粋）

社会的包摂――排除される人をつくらない社会

分配の歪みが生む格差の拡大が引き起こすもう一つの大きな問題があります。それは、「社会から排除される人たち」をつくってしまうことです。

先ほどの教育の問題もそうですが、格差と貧困は再生産され、拡大していきます。そうすると、格差は固定化し、そのことが原因で社会から排除される人たちが出てきます。経済格差が社会的格差となり、差別と排除の温床になるのです。

分配の歪みを正すこと、再分配を強化するということは、社会から貧困や格差をなくし、社会から排除される人をなくしていくことでもあるのです。

皆さんは「社会的包摂（social inclusion）」という言葉を聞いたことがあるでしょうか。社会の活力の源泉は社会の構成員一人ひとりの自立と自己実現、能力の最大化だということをこの本の中でも何度も強調しました。排除や差別は人々の自立と自己実現の機会を奪います。だから社会の活力を弱めるのです。

社会の成員すべてが持てる能力を開発・発揮し、社会への参加を通じて責任と役割を分かち合うこと、同時に社会保障の恩恵を（権利として）享受することを通じて「見返りの実感」を得、それによって社会的統合の実現と経済成長（活力）と安心の同時達成を実現する社会の実現を目指す。落ちこぼれ・排除をなくし、分断・排除・制度の谷間を生まない保障のネットワークをつくることは、まさに社会保障の本来機能です。

私たちが目指さなければならない「少子高齢社会対応型の新たな社会モデル」というのは、そういうものではないでしょうか。

経済と社会保障――成長と安心の両立のために

数年前日本でも紹介され話題になったフランス人歴史経済学者トマ・ピケティの著書『21世紀の資本』の中でも述べられているように、資本主義経済のもとでは、長期的に「r＞g」が成立していることが観察されます。

「r」は資本収益率、「g」経済成長率です。資本収益率は成長率を上回る。つまり付加価値は資本の側により多く分配されていく、より富めるものにより多くの付加価値が分配されていく。つまり、付加価値の分配を市場機能のみに委ねれば、ゆっくりと、しかし確実に格差は拡大していく、ということです。

同書の中で、ピケティはこうも言っています。

「現代の所得再分配は、金持ちから貧乏人への所得移転を行うのではない。（中略）むしろ、おおむね万人にとって平等な公共サービスや代替所得、特に保健医療や教育、年金などの分野の支出を賄う、ということなのだ」

正鵠を射ている記述です。社会保障は、単なる高額所得者から低所得者への所得移転（救貧）ではなく、安定的な中間層を維持・形成するために、彼らを襲う「個人の力ではヘッジしきれない生活上のリスク」から彼らを守ること（＝防貧）にあります。

社会保障の機能を分配（再分配）するという視点から見れば、社会保障は個人や家計のライフサイクル＝時間軸における「就労期＝若年期から引退期＝高齢期」への所得移転であり、「自立期＝平時から要支援期＝非常時」への所得移転でもあります。

つまりはライフサイクルを通じた家計消費の平準化、「自立した中間層による中長期的に安定的な消費＝需要の創出」ということを通じて経済の下支えをしている、ということでもあるわけです。

日本の地方の経済（消費）を支えているのは、地域によっては県民所得の20％、対家計最終消費支出比で見れば25％を超えている公的年金給付です。

実はこんなことは、社会保障の世界ではほぼ「常識」に属する話なのですが、分配や需要の側面にあまり重きを置かない右側の経済学が支配する現代の経済学（経済学者）にはなかなか理解してもらえません。

三面等価の原則、というのがあります。生産（供給）＝分配＝消費（需要）。この中で、付加価値の分配に関しては、市場は必ずしも最適解をもたらしてくれるわけではありません。それは、「社会厚生＝社会政策」的な観点で、必要な人に必要なものが行き渡らない、というだけではなく、「消費性向の最大化＝有効需要の創出」という観点からも必ずしも最適解をもたらすわけではない、ということです。

社会保障は所得再分配を通じて、消費が飽和していない人々や領域に所得を再分配する機能を持ちます。そして、現物給付である社会保障サービスそれ自体が実体的需要に応えて新たなサービス消費を生みます。

社会保障は、まさに市場の問題と成長の問題、さらには民生の安定＝国民生活の問題をも同時に解決する「人類の知恵」とも言うべきものなのです。

第4部

民主主義のための社会保障

第7章
ガラパゴス日本「精神の鎖国」
——二つの海外勤務経験から見えてきたこと

1
歴史に学ぶこと——未知のウイルスとの闘い

人類の歴史は感染症との闘い

第1部、第2部、そして第3部と、社会保障に関するお話を中心に、社会保障に関わる経済や財政の問題についてお話ししてきました。第４部では、１９８０年代と２０１０年代、私自身の２回の海外勤務の経験の中で感じたことを中心に、「世界」という目から見た今の日本について、問題提起をしていきたいと思います。

２０２０年に入って、世界はCOVID-19という未知のウイルスの脅威に襲われました。この原稿を書いている時点でも、その脅威は続いています。COVID-19は世界中に蔓延し、多くの人々の命を奪い、健康を脅かし、経済を混乱させ、人々の日常生活を不安に陥れています。

私は２０２０年３月末、第一波が欧州を襲い、隣国イランで感染が拡大しつつあった時期にアゼルバイジャンから日本に帰任しました。次々とフライトがなくなり、任国を含め各国が国境を閉鎖していく中、ギリギリのタイミングでの帰国でした。

直後に日本でも緊急事態宣言が出され、しばらく自宅で過ごす日々が続きましたが、当時の海外の雰囲気と比して、日本の「緩さ」が非常に気になったのを覚えています。

数年前ベストセラーになったジャレド・ダイアモンドの『銃・病原菌・鉄』という本の中に、「人類の歴史は感染症との戦いの歴史でもある」という記述が出てきます。

歴史を紐解けば、14世紀ヨーロッパではペストが繰り返し猛威を振るっていました。ペストは元々中央アジアの風土病でしたが、東西交流で旧大陸全体に広まったとされています。当時の世界人口は推計約４億５０００万人。その22％にあたる約１億人が死んだとされています。

ペストの致死率は90％。別名「黒死病」（Black Death）と呼ばれ、19世紀に北里柴三郎が病原菌を発見して治療法が開発されるまで、ペストは文字通り「死に至る病」でした。

日本でも、天然痘は繰り返し大流行し、そのたびに多くの人命が失われ、経済は深刻な打撃を受けました。天災・飢饉・流行病はいつも時の政権（朝廷・幕府）の統治をも揺るがす大事件だったのです。

20世紀に入り、第一次大戦後の１９１８年から20年にかけて、スペイン風邪が世界中で大流行しました。まさしくパンデミックです。当時の世界人口は約17億人、感染者は5億人、死者は推定１５００万人から５０００万人と言われています。

スペイン風邪は元々アメリカで発症したもので、第一次大戦に参戦した米兵がヨーロッパに持ち込み、終戦後復員した各国の植民地出身兵士を通じて世界中に広がったとされています。

猛威を振るったスペイン風邪

ちょっと興味深い図表があるのでご紹介します。日本の主要死因別死亡率（人口10万人対）の長期推移の図表です（図表７－１）。

図表7－1　主要死因別死亡率の長期推移（1899 年～ 2019 年）

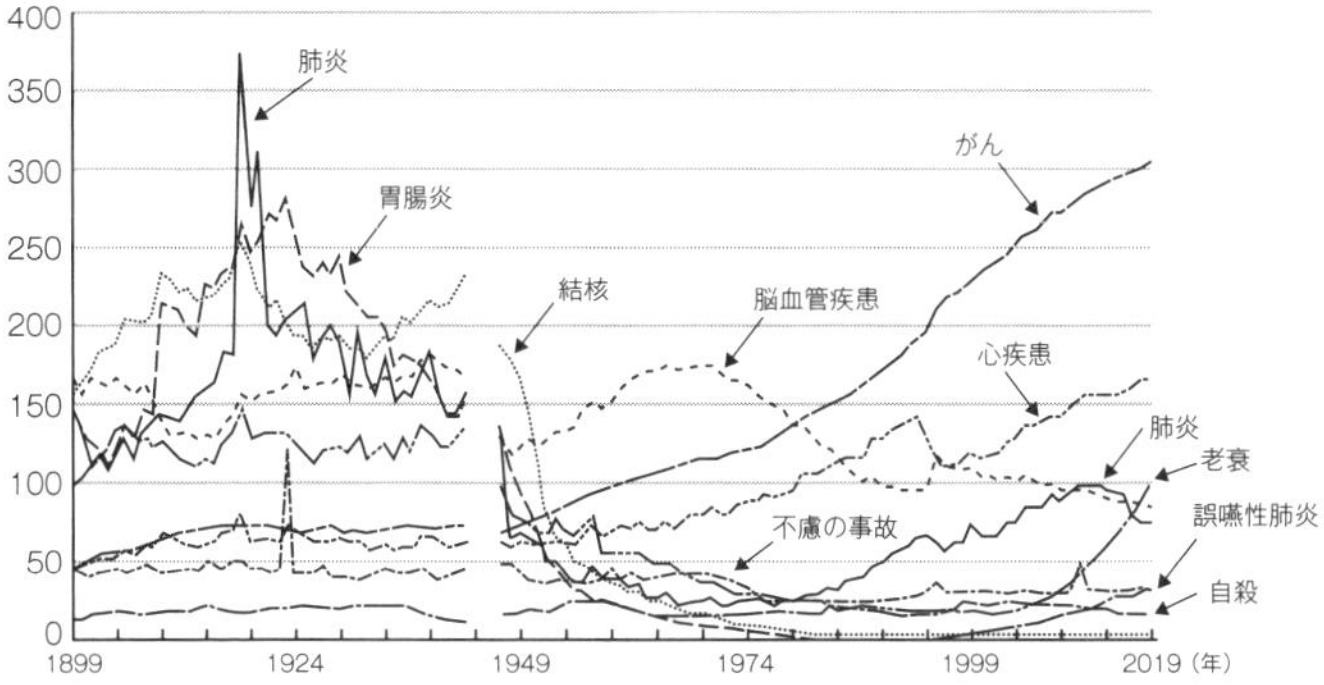

（注）災害、事故などによる病気以外の死因は「自殺」を除いて略。1994 年の心疾患の減少は、新しい死亡診断書（死体検案書）（1995 年１月１日施行）における「死亡の原因欄には、疾患の終末期の状態としての心不全、呼吸不全等は書かないでください」という注意書きの事前周知の影響によるものと考えられる。2017 年の「肺炎」の低下の主な要因は、ICD-10（2013 年版）（平成 29 年１月適用）による原死因選択ルールの明確化によるものと考えられる。最新年は概数

（出所）厚生労働省「人口動態統計」

現在の日本で最大の死因はがんです。よく、がん、心疾患、脳血管疾患が日本人の三大死因と言われてきましたが、実際は圧倒的にがんが多くなっています。さらに最近では「老衰」「肺炎（誤嚥性肺炎）」といった死因が増えてきています。

超高齢社会で人は何で死ぬのか、これ自体医療政策の観点からはとても重要なポイントなのですが、その話はとりあえず措くとして、この図表で見ていただきたいのは、例えば1920年のところにある「肺炎」の大きなピークです。これはスペイン風邪。日本でも45万

人、対人口10万人比で３７０人近い人が亡くなっています。ちなみに１９２２年の「不慮の事故」にあるピークは関東大震災、１９９５年にある小さな山は阪神・淡路大震災、２０１１年にあるのは東日本大震災です。

これを見ると、ヨーロッパから遠い日本でも、スペイン風邪の流行は凄まじいものだったことが想像できます。人類が完全勝利し、殲滅できた感染症は天然痘だけです。天然痘は１９８０年にＷＨＯが撲滅宣言を出しました。今や天然痘ウイルスはごく限られた「研究機関の試験管」の中にしかいません。

しかし天然痘は稀な例です。特効薬があってもワクチンがあっても、人類が感染症に完全勝利することはなかったし、おそらくこれからもありません。かつて抗生物質が開発されたとき、抗生物質は「魔法の弾丸（Magic Bullet）」と呼ばれ、「人類は感染症に対する最終兵器を手にした」と言われました。しかし、人類に免疫があるように、病原体（細菌・ウイルス）には変異があります。抗生物質の効かない「耐性菌」が生まれ、それを叩く抗生物質がつくられ、そしてそれに耐性を持つ菌が生まれ、と、医療の世界ではそのくり返しが続いています。

宿主である人類と病原体は、どこかで均衡点を見つけて「共存」することになります。その意味では、今時の表現を使えば「after Corona」とは「with Corona」でしかないのです。

均衡点をどのレベルで収めることができるのか。有効なワクチンが開発され、せめて今のインフルエンザ位のレベルで収めることができれば、と願っています。

もう一度、図表7－1を見てください。数字から見る限り、スペイン風邪は今のCOVID-19とは比較にならないくらいの凄まじいパンデミックだったはずです。当時の医療水準は今とは比較になりません。そもそもスペイン風邪の病原体は当時発見することができなかったのです。当然治療薬もありませんでした。

それでも先人たちは、それを乗り越えてきました。時は世界大戦直後、世界の経済は疲弊しきっていたはずです。

歴史は繰り返す――パンデミック後に何が起こるのか

歴史は繰り返します。パンデミックが起きると何が起こるか。

まず、感染者が爆発的に増大して、医療システムがオーバーロードします。「医療崩壊」です。医療崩壊とは、パンデミックの患者に対応できなくなるだけでなく、およそすべての要医療患者への対応ができなくなる、医療システム全体の機能不全、ということです。つまり、普段だったらどういうこともないような疾病で人が死んでいく。死ななくていい人が死んでいく、という事態です。

次に、社会経済に危機的打撃が起こります。社会経済システム全体が機能不全を起こすということです。経済活動が停滞し、麻痺し、雇用と消費が失われます。このことが社会不安を引き起こし、治安の混乱を招きます。Pandemic が panic や infodemic（偽情報、流言飛語の蔓延）を引き起こし、暴力・虐殺も起こります。

統治の危機に直面した為政者は一国主義、排外主義に走ります。そして世界全体が分断され、緊張していくことになるのです。

過去に学ぶことはたくさんあります。

パンデミック・感染拡大を起こさないための対策に、そんなに選択肢はありません。感染症の特性によって違いはあっても、やること、やれることはいつの時代も基本的には同じです。罹患者の隔離・感染経路の遮断、そして治療薬の開発です。

そして同時に重要なことは「生命・健康の危機」と同時に「社会経済システムの危機」を回避――ダメージコントロール――すること、つまりは「危機管理」です。

危機管理は力だけではできません。社会の構成員である市民の協調や団結、為政者への信頼が必要です。

パンデミックのような大きな災禍は、良くも悪くも社会経済の変化を大きく加速させます。

潜在的に存在していた問題が一気に顕在化し、いっぺんに時計の針を回したような状態になります。様々な事態が（想定外の事態も含めて）波状的に発生します。

為政者に問われる能力

この時、為政者に問われるのは「事態対処能力」すなわち「統治能力」です。

一方では「適時的確なリーダーシップの発揮」「果断で強いリーダー」であることが求められます。情報収集、専門家の知見の動員、そして機動的な行動、発信、実行、場合によっては今回欧米で実施されたロックダウンのような人権制限を伴う強権措置を発動しなければならない場面も出てきます。

そうであるがゆえに、民主主義国家のリーダーには「民主主義への感度」「リーダーシップの透明性・合理性・説明責任」が強く求められるのです。

世界的に有名になった2月のロックダウン実施時に行われたドイツのメルケル首相のテレビ演説は、民主主義国家における「危機時のリーダーシップ」のあり方を示す素晴らしい模範と言えるでしょう。

危機を迎えたときにこそ、その国の民主主義の深さが見えてくる。そのことを強く実感させられたのが、今回のCOVID-19禍であるように思います。

2 日本人の自画像に感じる違和感

世界の中での日本のプレゼンスは確実に低下

今回の海外勤務の3年間で、最も強く感じたことの一つは、「世界から見える日本」あるいは「世界が見ている日本」と「日本（日本人）が見ている日本」つまり「日本人の自画像」の大きな乖離です。

グローバリズムの時代、海外の情報が日本に入ってこないはずはありませんし、COVID-19の前まではそれこそ何千万人という人が海外と行き来していたのですから、気がつかないはずはないと思うのですが、「見ていない」のか「見えてない」のか、あるいは「見たくない」のか、日本国内は「内向き志向」と「根拠のない自画自賛」「思考停止」が蔓延しているように思えます。

今回のアメリカの大統領選挙で、アメリカ社会の分断の深刻さを感じた人は多いことと思います。「Post Truth」つまり「真実」よりも「自分の信じたいもの」を進んで信じる人たちがどんどん増えていて、自分たちの仲間内に閉じこもって部外者の声に耳を塞ぎ、自分の主張だけを声高に叫び続ける。現代のインターネットツールがそれを増幅する。

言ってみればネット社会のダークサイドということなのでしょうが、この現象は別にアメリカだけではありません。世界中どこでも、そして日本でもこういった極端な不寛容、客観的真実に目を向けようとせず、自分の信じたいことだけを信じ自分と異なる意見（人たち）をあからさまに否定し、誹謗中傷する言説、反知性主義、ヘイトスピーチ、フェイクニュースが蔓延し、しかも一定の力を持ちつつあります。

大袈裟でなく、「自由と民主主義の危機」はすぐそこにある。そんな気がしてなりません。

さて、我々の自画像がどうであれ、客観的事実は客観的数字が示してくれます。

図表６－７の数字とは少し時期がズレますが、２０００年から２０１７年の間に、世界のＧＤＰは約34兆ドルから約80兆ドルへと、２・４倍に増えました。他方この間日本のＧＤＰはほ

図表7－2　世界のGDPの伸びと国別構成比の推移

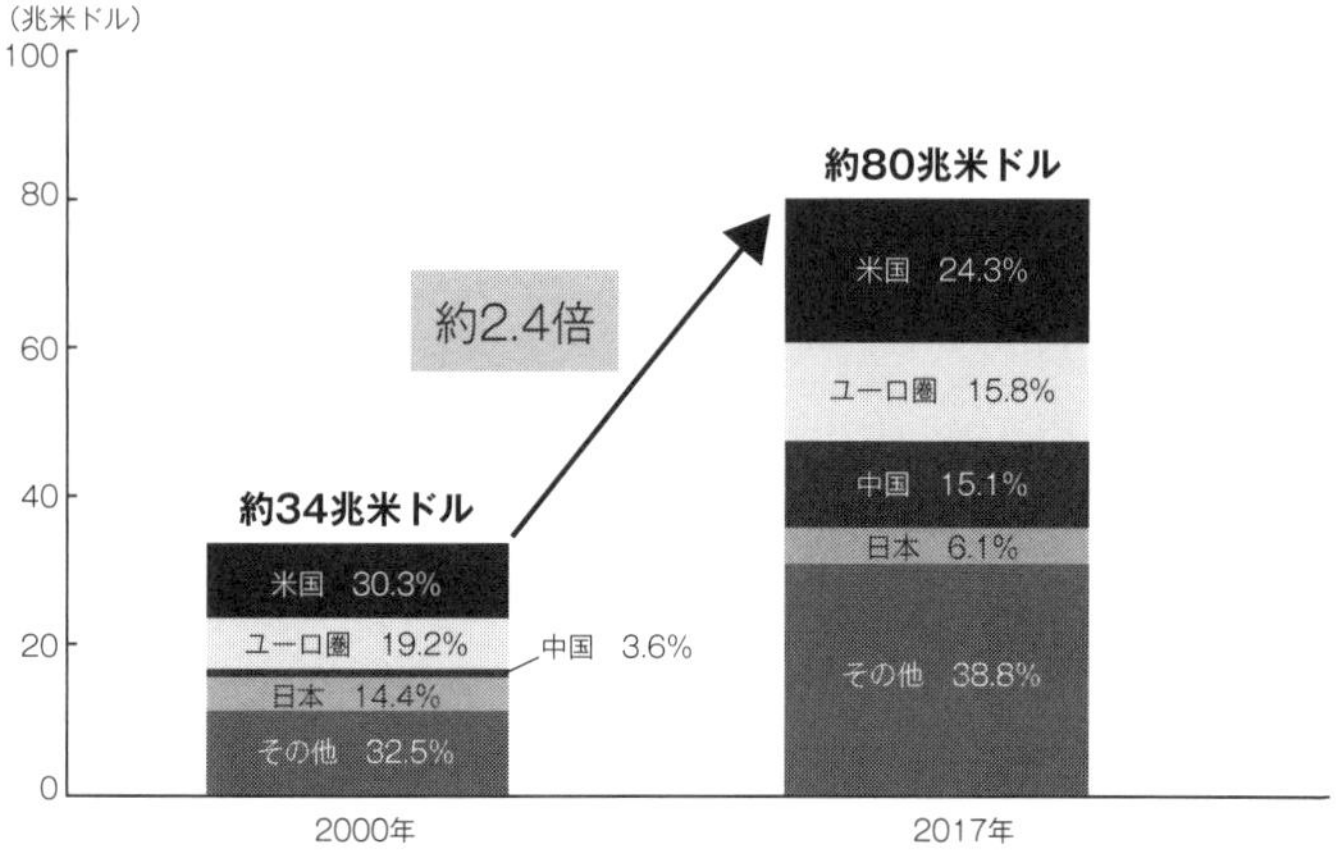

（出所）IMF/OECD

ぼ横ばい、5兆ドル程度で推移しました。結果、世界経済に占める日本のプレゼンスは14・4%から6・1%へと、半分以下になりました（図表7－2）。

この20年間で、多くの分野で日本企業は次々と競争優位を失いました。

家電・半導体・コンピューター・電気通信、どの分野でも日本のシェアは低下し、国際競争力は低下の一途をたどっています。三洋電機、シャープは外資に買われ、東芝は粉飾決算で沈みました。

東芝の粉飾決算が明らかになった時のBBCの報道は今も忘れることができません。ワールドニュースのトップで5分以上にわたってこの事件が報道され、その中で株式の持ち合いやメインバンクシステムなどかつての日本企業の経営形態について言及した後、「かつて世界をリードし、数々の革新的製品を生み出してきた日本を代表する大企業のガバナンスがこのようなものであったことに信じられない思いがし、驚きを禁じ得ない」とキャスターはコメントしました。

低迷する日本経済の中で相次いで明るみに出る、信じられないような企業不祥事——古くは大王製紙、オリンパス、東芝・関西電力、スルガ銀行等々——は、日本の企業に対する国際社会の評価を著しく傷つけました。

もはや日本がリードできているといえる主要産業分野は自動車だけ、一人当たりＧＤＰは９位（１９９０年）↓26位（２０１８年）に低下してついに韓国に抜き去られました。

日本企業の国際競争力については、第３部で紹介したＩＭＤのデータに示されている通りです。

日本はもはや「名ばかり先進国」

私が初めて海外勤務をした時代、今から30年以上前の日本には、〝世界に冠たる〟と形容される企業がいくつもありました。１９８９年（平成元年）の「世界時価総額ランキング」を見ると、日本企業はトップ10に7社、トップ50に32社がランクインしていました。それが、２０１８年（平成30年）にはトップ10に日本企業はゼロ、トップ50にやっとトヨタ自動車が入っているだけです。

企業の時価総額が低い、というのは、日本企業がそれだけ儲けていないということにほかなりません。

実際、企業の総収益のランキングである「フォーチュン・グローバル５００（Fortune Global 500）」をみると、１９８９年に日本企業は１１１社が入っていました。それが２０１９年には52社。半分以下に減少しています。

にもかかわらず、長い間、日本の経営者、経済マスコミ、エコノミストたちは、日本型経営への根拠なき過信に酔っていたように思います。

「米国流の経営は、短期利益主義だからいずれ滅びる」

実際はどうだったかと言えば、90年代のフォーチュン５００の米国企業ランクイン数は当時の日本と同じで１５０社。そして現在も１３０社です。結果的に見れば、国というレベルでも個々の企業というレベルでも、アメリカの方が結果的には長期的に成長しています。

こういう指摘もできます。

日本の経営者は「日本の国際競争力が低いのは円高、高い法人税率、自由貿易協定への対応の遅れ、派遣禁止などの労働規制、環境規制、そして電力不足の〝六重苦〟が原因だ」と言っていました。要するに「自分の責任じゃない。外部環境の激変のせいだ」と。環境に対応できない自分たちの経営に問題があったのかも、という発想はほとんど聞かれませんでした。

果たせるかな、今日、円高は是正されむしろ円安基調です。法人税率も大きく下がりました。ＴＰＰ（環太平洋パートナーシップ）もできたしＥＵとのＦＴＡ（自由貿易協定）もできました。労働者派遣はほぼ全面自由化、環境規制もＥＵなんかに比べたら全然緩いですし、もちろん電力不足もありません。

もはや六重苦なんてどこにもありません。なのに、日本企業の国際競争力が復活した、という話は聞こえてきません。

企業競争力だけではありません。日本の科学技術力もこの30年で大きく衰退してしまいました。

日本の研究者が発表した論文がどれだけ他の論文に引用されているのかを示す「ＴＯＰ10％補正論文数」というデータでも、１９８９年前後には世界第3位だったのが、２０１５年には第９位へと落ちてしまっています（図表７－３）。

この他にも、ここ30年で順位を落としてしまった国際ランキングは数知れません。海外留学生の数も少なくなり、大学のランキングもどんどん下がっています。

図表7－3　分野別トップ10％引用論文　6カ国ランキング

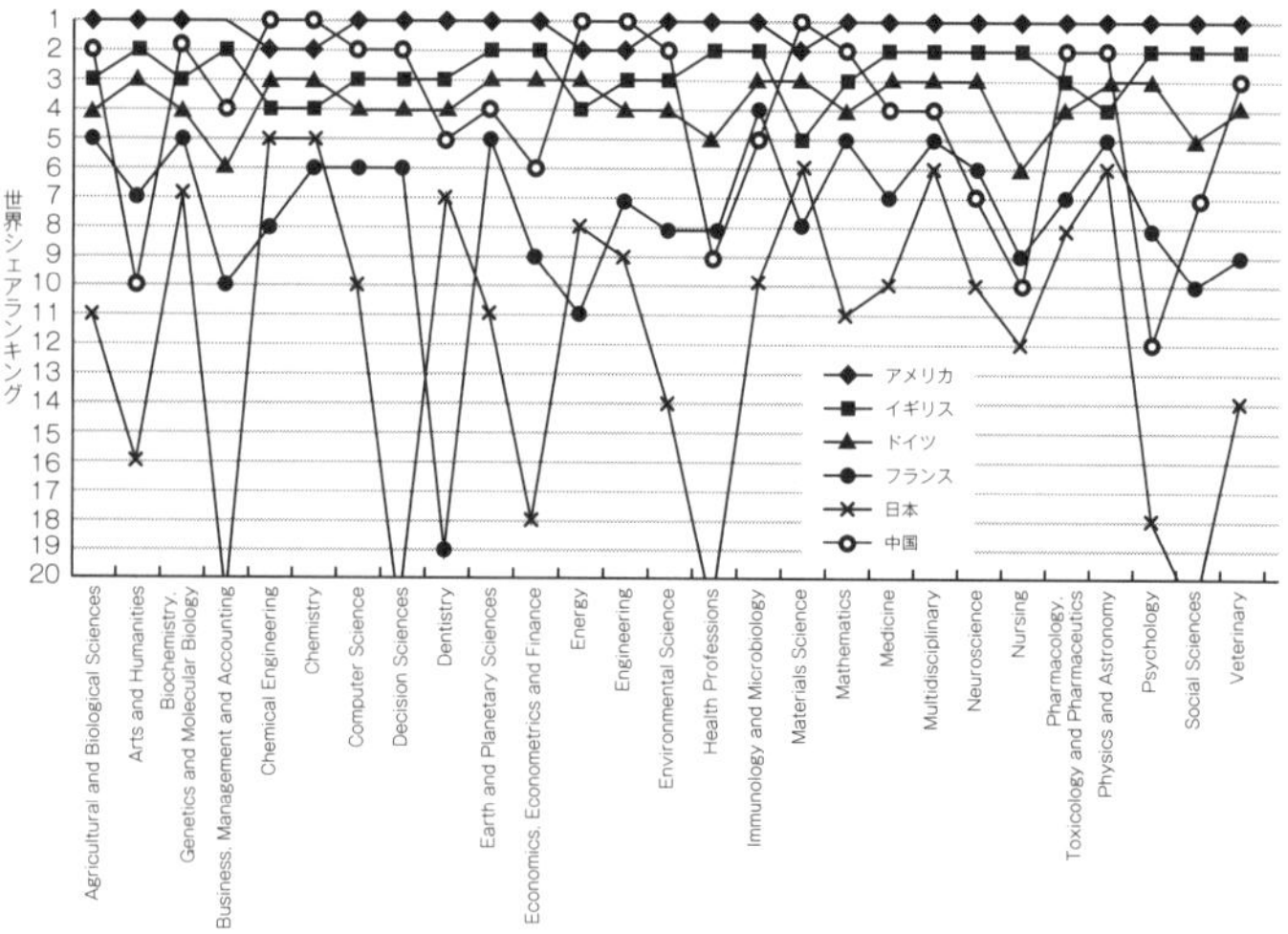

（出所）Aggregated by the JST based on the Scopus Database（1996-2015）（Elsevier Co., Ltd.）

そして、ほとんどの分野で日本以外の先進国や中国に代表される新興国に抜かれてしまっています。日本は今や先進国とは名ばかりの状態なのかもしれません。

世界で見かける「日本」

アゼルバイジャンにいる間、仕事や休暇で欧州・中東などあちこちに出かけました。海外で見かける「シェアNO．1日本製品」はデジカメと業務用ムービー位です。今や家電も自動車もスマホもみんな「made in China」「made in Korea」です。

ホテルのテレビはＬＧかサムスン。エアコンもＬＧ。アゼルバイジャン国内のホテルもそうでした。たまに古いホテルでソニーのテレビを見つけると妙に嬉しく思ったほどです。

ＢＢＣやＣＮＮ、France 24、Aljazeeraといったグローバルニュース報道を見ていても、「日本」が登場することは少ないですし、そもそも「世界」というコンテクストで日本が語られることがほとんどありませんでした。

アジア関連の報道は、一に中東、二に中国、三、四があってその他で日本です。中東は地理的近さや歴史的な関係もありますし、エネルギー問題や移民・難民問題、テロ、政情不安など欧州の国内政治に直接関係するニュースも多いのでそうだろうなあと思いましたが、東アジアに関する報道（特に経済報道）を見ても発信拠点は「シンガポール」「香港」で（日経平均の報道をシンガポールからするのです）、ＷＳＪやBloombergなどの東アジアの拠点支局は香港や上海、シンガポールなのです。日本から直接発信されたのは新陛下の即位関連の報道くらいでした。

政治報道でも経済報道でも、日本のエコノミスト、日本の政治家はまず登場することはありません。日本経済の分析報道でもコメントしているのはシンガポールのエコノミストだったりしますし、たまに登場する日本のエコノミストは「英語が上手」というだけでチョイスされたとしか思えないような残念なレベルの人ばかりでした。

ＢＢＣワールドニュースに「HARDtalk」という非常に有名なインタビュー番組があります。これは世界の名だたる有名人（政治家・企業家、国際機関のトップ、文化人、ミュージシャン、アーチスト等々）を招いて、ガチで30分ＢＢＣのキャスターが徹底的に歯に衣着せぬインタビューをする、というものです。YouTubeでも配信されていますし、ご覧になっている方もおられると思います。

ロシアのラブロフ外相、イランのザリフ外相、カナダのトルドー首相、トルコのエルドアン大統領、オーストラリアのギラード元首相、韓国のカン・ギョンファ外相、パキスタンのカーン首相、ブラッド・スミスマイクロソフト社長、ジャレド・ダイアモンド、コーミー元ＦＢＩ長官も登場しました。実業家時代のトランプ前大統領も登場しています。錚々たるメンバーが登場していますが、3年間の私の海外勤務中、日本人はただの一度も登場しませんでした。

韓国のカン外相が登場したときは、慰安婦問題や徴用工問題でＢＢＣの名物キャスター、スティーブン・サッカーに徹底的に突っ込まれて（キャスターはいつもゲストと議論するテーマについて非常によく勉強していて、正確な知識を背景にとても厳しい（そして真っ当な）質問をします。キャスターのレベルも日本のマスコミ人とは大違いです）答えに窮するカン外相の姿を見て、たぶん次は日本の外務大臣か外交専門家が出てきて同じようにやられるんだろう、大丈夫かな、と思ったのですが、結局誰も登場せずに――呼ばれなかったのか、断わったのか

——終わりました。

「部品供給産業国」となった日本

他方、日本人の日本に関する自己イメージはどうでしょうか。おそらく「20世紀」のままです。「技術大国日本」「ものづくり大国日本」。でも、もはやそれは「過去の遺産」でしかありません。iPhoneを見てください。日本は「部品供給産業国」でしかないのです。

帰国してからも、いろいろなことに直面して、考え込んでしまいました。卑近な例ですが、いくらでも挙げられるのでちょっと悲しいです。

・非接触型ＩＣカードが普及していない

日本にも非接触型ＩＣカードはあります。SuicaとかPASMOです。しかしあれは日本国内でしか通用しません。ようやく一部のクレジットカード会社が搭載し始めましたが、payWaveなどの世界標準の非接触型ＩＣは世界中のほとんどのクレジットカードに標準搭載されていて、そのカードは世界中で使えます。例えばロンドンの地下鉄やバスはクレジットカードをそのままピッとやれば乗ることができますし、もちろんスーパーでもどこでも使えます。世界中の国際空港の自動販売機で使えるし、文字通り一枚のカードがあれば世界中でキャッシュレス生活ができます。面倒な両替もする必要がありません。世界中で使えるカードが、日本では使えないのです。

・役に立たないマイナンバー（掛け声だけの E-government）

これは今回の COVID-19 禍で誰もが知るところとなったので、多くは申し上げません。２０００年、政府は高らかに「ＩＴ立国」を宣言し、e-Japan 戦略では「２００３年までに、国が提供する実質的にすべての行政手続きをインターネット経由で可能とする」と言いました。あれから20年。私が赴任していたアゼルバイジャン、決して先進国ではありません。一人当たり国民所得は1万ドルにも届いていませんが、そんな国でもＩＤカード一枚でほぼすべての行政手続きを行うことができました。

翻って日本の現状はどうでしょうか。惨状、とまでは言いませんが言葉もありません。

・TransferWise が使えない先進国は日本だけ

国際送金のアプリで世界中誰でも使っている TransferWise というものがあります。私がロンドンの友人の口座にアメリカにある私の口座から送金するときなどに使います。送金手数料は送金額にかかわらず15ドル程度、銀行が取る手数料の半分以下です。

このアプリ、世界中の国に送金できるし、日本語にも対応しています。ですが、日本だけは送金も着金もできません。日本の銀行がTransferWiseを受け付けないのです。なぜなのか理由は分かりません。ロンダリングチェックが厳しいアメリカの銀行にさえ送れるのに……。

・キャッシュレス後進国――ポイントサービスは日本特有の現象

非接触型カードが普及しない、ということと通じるものがあるのですが、日本はキャッシュレスがなかなか進んでいません。日本に帰ってきて驚いたのは、スーパーのレジにずらりと並んでいる巨大な「支払いマシン」でした。

「支払いはこちらで」と言われるままにそのマシンの前に行くと、支払いは現金かカードか、そのスーパーのカードか一般のクレジットカードか、あるいはIDかと聞かれます。IDと答えるとどれを使うか、SuicaかPASMOかApple Payかなんとかペイか、とまた聞いてきます。支払いにたどり着くまで3～5回くらい選択があって、ようやくカードを差し込んだり（非接触じゃない！）スマホをかざしたりして支払いをします。

確かにこのマシン、多機能で素晴らしいとは思いましたが、おそらく日本国内にしか需要のないガラパゴスマシンでしょう。

キャッシュレスというのは支払いを簡単にすることのはず。なんでまたこんなに複雑なのだろうか。考えてみるに、この国では「キャッシュレス化」はカード会社の「顧客囲い込み競争」と同義で、その手段が「ポイント」というやつで、支払い手段ごとに各社が囲い込み競争をやるので、共通のシンプルな支払いシステムができないのでこういうことになるのではないか、と思うに至りました。

スーパーにしてみれば、高い手数料を払ってカード利用をしてもらうぐらいなら、自前のカードを作り、それを使ってもらって現金払いにポイントをつけて還元した方が顧客の確保になります。競争の仕方がどこかおかしい。結局社会全体で見れば、相当な重複投資をしていることになります。なんのためのＩＴ化、キャッシュレス化なのでしょう。

・不便で高い携帯電話サービス

この話は菅総理が官房長官時代から問題にされていました。実際海外に行くと実感します。私のいたアゼルバイジャンでも、通話料金は国内電話で全国一律1分０・05マナト（３円弱）、国際電話は（相手国によって違いますが）最大でも０・３～０・４マナト（20円強）。データ通信は上限無制限で1ヶ月30マナト（２０００円弱）です。日本との比較でいったら本当にウソみたいに安い。そしてシンプル。なんとかパックのような複雑で面倒な仕組みはありません。もちろんＳＩＭフリーです。どうして日本でこれができないんでしょう？

・スタートアップもテックも生まれてこない日本のベンチャー市場

このお話は後でもしますが、先進国でこれほどスタートアップもテックも生まれてこないベンチャー市場というのはありません。ユニコーンと呼ばれる株式非上場で推定時価総額10億ドル以上の巨大ベンチャー企業は世界に５００社あるそうですが、日本には4社しかありません。日本の若者に能力がないとはどうしても思えないので、別のところに原因があるはずです。

もうこれくらいでやめますが、総じて経済も人も「世界の流れ」についていけてない。あらゆる分野でどんどん取り残されている。それなのに、その自覚、危機感がこの国には感じられません。根拠のない楽観論があちこちに蔓延していて、「日本は特別」「日本人は勤勉」「日本は素晴らしい」「おもてなしの国」「ものづくりの国」「美しい国」なんていう言説ばかりが目立ちます。政治の世界でも、政権に批判的なことを言うと、すぐに「自虐的」「反日」などと根拠のないレッテル貼りをされてネットで炎上、なんてことが起きています。

第３部でもお話ししましたが、今や日本の付加価値生産性は先進国最低レベルです。アトキンソンさんではないですが、「優秀な日本人の能力を活かすことのできない経営者・企業・産業構造」になぜ危機感を覚えないのか不思議に思います。

厳しいことを言うようですが、日本にいて日本の中でものを考えている限り、この極端な視野狭窄と共同幻想からは逃れられないのかもしれません。明治の日本や戦後の日本は、きっとこうではなかったはずです。

成功体験は人を腐らせる、と言います。高度成長期の「遺産」で生きているような国、それが今の日本ではないでしょうか。

3 変わらないためには変わらなければならない
――自らを直視し自己変革する勇気

思考停止社会

海外赴任中にある欧州の会議でお目にかかった私の尊敬する経済人が、今の日本は「砂の中に首を突っ込んでいるダチョウ」だ、と評しておられましたが、日本人の「日本特殊論」はある意味宿痾のようなもので、なかなか日本人は自分を外側から客観視することができないように思えます。

先ほど「六重苦」のお話をしましたが、官僚時代の私自身の経験を少しお話しします。

民主党からの政権交代で安倍政権が発足し、「産業競争力会議」という会議がつくられました。メンバーは経済界の錚々たる経営者の方々です。その会合に、事務方の説明者として呼ばれたことがありました。そのときのことです。

参加されている経済界の方々は、口々に「日本経済が成長しないのは「グローバル経済」のせい」「政府規制のせい」「円高のせい」「法人税が高いせい」「人口減少・少子高齢化のせい」と仰っていました。自分たちが何かをする、自己改革する、自助努力で切り抜ける、という思考が感じられない、さながら「陳情大会」のような会議でした（ただ一人、そんな論議に喝を入れて異を唱えたのはコマツの坂根正弘会長（当時）でした。官邸は当時の議事録をちゃんと残している（はず）ですから、ぜひ一度読んでいただけたらと思います）。

経営者の方々の議論を聞いていて感じたことがありました。それは、意識の中に残る「右肩上がり――市場の自然拡大時代の企業経営戦略」ということです。

かつての日本の企業経営の基本戦略は「国内市場中心主義」、まず国内市場でシェアを確保し、地歩を固めて海外進出する、というものでした。会社の中には「国内派」「国際派」があり、「国内マーケットでのシェア競争」にしのぎを削り、従業員は「年功序列賃金体系――ベースアップのある世界」の中で生活をしていました。

他方で政府による産業政策で分野ごとの企業序列があり、「護送船団」で世界に追いつき追い越せ型の思考回路で物事が進んでいました。企業は一見近代的な株式会社組織ですが、内実は「サラリーマン社長」と「創業家」による前近代的企業経営で、メインバンクを中心に株式の持ち合いとグループ化がされていました。簡単に言えば、極めて内向き、閉鎖的な組織です。

日本は同質性が高く自らと異なるものへの感性が決して高いとは言えない社会です。同化圧力は強く、しかも「正解を教え・学ぶこと」が教育のスタンダードになっています。

企業は優秀な人材を新卒一括採用で確保し、自分の会社の型に嵌める――言わばカスタマイズする。カスタマイズされた人材は、優秀だけれども他の会社では使えない人材になる。それが終身雇用と結びついて忠誠心の源泉になる。そんな組織です。

確かにそれが日本の強さだった時代もありました。製造業中心の時代の労働は組織労働です。協調性が高くて従順、与えられた仕事を正確に実行していく人材はぴったりです。しかし今や世界は大きく変わっています。「日本のガラパゴス化」ということがよく言われますが、「ガラパゴス」は別にテクノロジーや様々な規制や社会的ルール、経済活動に限ったことではなく、人々の日常の意識の中にこそあるように思います。

「精神の鎖国」

立命館アジア太平洋大学の出口治明学長は、日本人のこの心性を評して「精神の鎖国」と表現されました。日本人はその意識の上でも「日本」という居心地の良い社会の中にいわば安住して、視野を大きく広げて考えることをあまりしてきていないのではないでしょうか。

人口が増え、経済が成長していた時代はそれでもやっていけたのだろうと思います。人口が増えますから自然に国内マーケット=需要は大きくなります。「自然増」という市場の増分を奪い合うのが市場競争、国内市場が主戦場でそこで激しい競争をしてシェア争いをし、生き残った企業が余勢を駆って海外に撃って出る、そんなビジネスモデルです。

しかし今や日本は人口減少社会、国内市場は何もしなくても縮小していきます。今までのような企業戦略では生き残っていけません。初手から「世界」を相手にしなければ生き残っていけません。

「変わらずにいるためには、変わらなければならない」（ランペドゥサ『山猫』）。自分を変えることは思った以上に難しいことです。

20世紀、日本は「ジャパン・アズ・ナンバーワン」と言われるような未曾有の繁栄を実現しました。人は成功から学ぶことはありません。成功を支えた行動様式を変えること、社会のトップにいる「成功体験に満ちあふれた競争社会の勝者＝リーダーたち」が自分の成功を支えた行動様式を捨てることは、自分自身を否定することにもなりますから、言うべくしてとても困難です。

長く国際機関に勤めていた私の先輩が、帰国してある経済団体で講演を頼まれたそうです。テーマはどうしましょうか、とその先輩が聞いたら、団体の事務局の方がこう言ったそうです。

「テーマはお任せしますが、以下の三つは話題にしないでください。一つは炭素税、一つは原発、最後は格差問題です」

なぜですか、と問うた先輩に返ってきた答えは、「聴衆の社長さんたちに受けません」。

現実の社会には問題が山積しているのに、正面から立ち向かうことをせず、砂地に首を突っ込んでいるダチョウのように現実を見ない。「うまくいかないのは『他者＝外界＝自分たちと違う異質な誰かさん』のせい」だと言って「犯人探し＝魔女狩り」をする。狭い世界でことさらに「違い」を際立たせ、敵をつくり、自分の世界に立て籠もって異質なものに容赦ない罵声を浴びせかける。

「思考停止社会」。これは企業だけではありません。社会全体でそんな内向きで不寛容な風潮がどんどん強くなっているように思えてなりません。

ゲームチェンジを乗り越えられなかった日本の経営者

振り返って考えてみると、日本が繁栄の余韻に浸っていた90年代、世界では大きな「ゲームチェンジ」が始まっていたように思います。

それまでは、積み上げ型・改良型のイノベーションが競争力を生む時代でした。そういう時代は過去の成功と失敗が生きるゲームの世界ですから、連続性のある組織が強い。組織の同質性が強みになっていました。一括採用、終身雇用、年功序列、企業内組合、クローズドな組織の中の出世競争で勝ち残った人が経営陣となりトップに立つ。サラリーマン社長の世界です。

21世紀に入って、本格的グローバル社会が到来します。ヒト、モノ、カネ、情報が国境を越えて飛躍的に動き、文字通り世界の市場が一つになっていきました。そしてデジタル革命（当時の言葉で言えばＩＴ革命）が起きます。ビジネスモデルの革命的変革が起こり、あらゆる分野で従来型のビジネスはあっという間に一掃されていきました。

　このイノベーションがもたらしたのは、一種のパラダイム転換、不連続なチェンジです。過去の経験はまったく役に立たない、文字通りの破壊的イノベーションでした。

　残念ながら、多くの日本の大企業はこのゲームチェンジについていけなかったように思います。日本の大会社の経営陣・トップは新卒一括採用で就職し、終身雇用・年功序列の社内競争を勝ち残った人たちです。多くは60歳以上の男性。成功体験に満ちあふれた組織の成功者です。官僚機構も大学（アカデミズム）の世界もまったく同じです。各省の次官や局長は同じ役所の年功序列の中で勝ち残った勝者ですし、大学はいまだに「教授会自治」という名の徒弟制に近い閉鎖的な人事システムで動いています。

　組織を変革するにはガバナンス改革が不可避です。特にトップマネジメントを担う人材は極めて重要です。今更遅いのかもしれませんが、破壊的イノベーションが起きた30年前から、時代の変化に対応できるように、多様な人材、それこそダイバーシティを地で行くような社長候補を養成しておくべきだったんだと思います。現場の業務は連続性や同質性が大事なのかもしれませんがマネジメント層は違います。何が起こっても対応できるよう、自己変革を実行するための幅広い多様な選択肢を準備しておかなければならなかったのでしょう。

　日本には女性、40代以下、外国人の大企業の社長はほとんどいません。なんだかんだ言っても、いまだに純粋培養中心、中途入社・転職・海外経験の長い者はトップになることは稀です。こんな「連続性と同質性の高い組織」の体質そのものが、もはや時代にそぐわなくなっている。さらに言えば、それが分かっていても自分を変えることができないまま、どんどん時代に取り残され、競争力を失っていっている。それが日本の偽らざる現実の姿のように思えます。

「世界」の中で伍していく

客観的に日本経済を見れば、世界における日本のプレゼンスはまだそれなりに大きい。かつての半分になったと言っても、人口比1・6%の日本のGDPは世界全体の5・7%(2018年)、世界第3位の経済大国です。

海外に1000兆円を超える資産を持つ「資産大国」でもあり、年間約23兆円(2018年)が日本に還流されているのです。

日本人の自主性や自助努力の気概を持つ気質は製造業やサービスの質を現場から支えていて、メイドインジャパンの品質に対する信頼は今でも絶対的と言ってもいいほどです。

リユース企業を立ち上げて海外展開をしている友人の話をきいたことがありますが、海外、特にアジア諸国では、日本の中古品は質が高くしっかりしている、と大人気なのだそうです。

しかしながら、今後それがいつまで続くでしょうか。否が応でも、日本は世界との関わりの中でしか生きていけません。人・モノ・資本・情報、あらゆるものが国境を越えています。すでに日本の一人当たりＧＤＰはＧ７最下位。アジアの中でもシンガポール、香港の後塵を拝しています。

世界の市場が一つになっている以上、はじめから「世界市場」を相手に競争し、そこで勝たない限り、生き残れない。「国内競争を勝ち抜き、余勢を駆って『海外進出』」なんて時代ではない。自明のことのように思います。

私が身近に知る医薬品産業の例を紹介します。

今や世界はメガファーマの時代です。欧米の製薬業界では20世紀の終わりから21世紀初頭にかけて、国境を越えた大企業の合従連衡・合併・再編成が進み、業界地図が一変しました。

欧州では１９９６年にチバガイギー（スイス）とサンド（スイス）が合併しノバルティスファーマとなり、１９９９年にはヘキスト（独）とローヌ・プーラン（仏）が合併しアベンティスが、ゼネカ（英）とアストラ（スウェーデン）が合併しアストラゼネカが生まれ、２０００年にはグラクソ・ウエルカム（英）とスミスクライン・ビーチャム（英）が合併しグラクソ・スミスクラインが生まれました。アメリカでは同年にファイザーがワーナー・ランバートを傘下に収めました。

この結果、世界の製薬会社は米国のファイザーを筆頭に売上高1兆円を超えるメガファーマ12社に再編されました。その背景にあるのは激しい新薬開発競争です。生命科学の飛躍的発展で、画期的新薬を生み出すため、高騰する研究開発費を確保し競争に勝ち残るには企業の合併再編・巨大化は不可避の選択肢だったからです。

今の世界の製薬業界はこういった売上高数兆円規模のメガファーマが激しい競争を繰り広げています。今回のCOVID-19ワクチンの開発競争で登場するのもこういったメガファーマです。その中にいる日本企業は一社だけ、それもようやくトップテンに入るか入らないか、という状態です。

もう一つ例を挙げましょう。隣国である韓国のK-pop。なぜK-popは世界を席巻しているのでしょうか。

韓国の国内音楽市場はそれほど大きくありません。K-popは初めからアジア市場、世界市場で勝負することを意識してつくられました。楽曲もグループも韓国的な要素は最小限ですべてが「グローバルスタンダード」です。欧米出身のアーティストだと言われてもおかしくありません。マーケティングも徹底してグローバル、世界を相手にファンを獲得していっています。世界で成功して、それから国内に凱旋する、むしろそんなビジネスモデルです。

POPsだけではありません。映画にしろドラマにしろ、韓国の作品は明らかに初めから「世界市場」を意識してつくられています。２０２０年に世界中で大ヒットした「愛の不時着」もそうですし、アカデミー外国語作品賞を受賞した「パラサイト」もそうです。いまやK-movie、K-dramaという単語がＳＮＳでも普通に使われていますし、国際線の旅客機の中で見ることのできる映画や音楽のリストの中にも韓国映画・韓国ドラマがたくさんあります。

それに対して、日本の音楽業界は日本人を相手に日本市場で日本人向けの音楽づくり、アイドルづくりをしています。日本人の世界的ポップスター、なんてＹＭＯくらいしかいません。映画にしても今や世界に通用する日本の映画は宮崎アニメくらいのものではないでしょうか。おそらく国内市場がそれなりに大きいのでそれでもビジネスとして成り立つからなのでしょうが、そんなビジネスモデルがいつまで続くでしょうか。

「日本のガラパゴス」は、それこそそこら中にあります。

先ほどのＢＢＣの話にも通じますが、日本のビジネスマン、政治家、研究者、官僚は、絶望的（と言ったら言いすぎかもしれませんが）に英語ができません（もちろんできる人はできます。でも「彼は（彼女は）英語ができる」ことが話題になったりすること自体、総体として英語ができないことの証左です）。

おそらくこれも、「英語ができなくても（＝日本国内でビジネスをしているだけでも）ビジネスが成り立つ（成り立ってきた）」からでしょう。必要がなければ習熟はしません。当たり前です。

欧州の小国の人はほとんどの人が英語を話しますし、一定以上の地位にある人は政治家でも経済人でも研究者でもみんな複数の言語を話します。途上国の人もそうです。自分の国内だけを相手にしていてはビジネスにならないからです。リンガフランカ（世界共通語）である英語ができないと仕事にならないのです。

しかし日本もこれからは今までのようにはいきません。世界の中で伍していく。そういう覚悟、そういう戦略がなければ日本は今のままずるずると衰退していってしまうでしょう。

外国人労働力・移民論議に感じる違和感

安倍政権になって、労働市場の開放、外国人労働力の導入が現実の政治課題になりましたが、この議論にも、私はいささかの違和感を覚えていました。

アジア諸国の労働者にとって、日本はもはや魅力的な労働市場ではなくなっているのではないか、と思うからです。

日本が必要としているという「高度人材」ですが、今や、優秀な人材は世界中どこでも働けます。労働条件が悪く、外国人に優しくなくて、英語も通じない、住みにくい日本で働くことを、優秀な海外人材が選択するでしょうか。

優秀な人材、例えばＭＢＡ出身・海外のトップ大学出身の人材は、当たり前ですが自分の能力にふさわしい就職先を探します。彼ら彼女らは国籍を問わずもちろん英語はペラペラ、通常は２～３ヶ国語を理解します。

そんな人材は、世界のグローバル企業と日本企業を比較して選択します。彼ら彼女らが「日本語ができること」などという条件がついた、失礼ながらおじさんばかりがトップに並ぶ旧態依然とした日本企業を選択するでしょうか。

もし本当に優秀な人材が欲しいなら、日本人であれ外国人であれ、「入れてやる」「使ってやる」では絶対にダメです。正当な評価、正当な報酬、市民としての共存を保障する、要するに「来てもらう」「一緒に仕事する」でなければ必ず失敗します。

今回のCOVID-19禍で多くの外国人技能実習生たちが苦境に陥っています。

読者の皆さんは外国人技能実習生の数をご存知でしょうか。今やその数32万人。日本に住む（在留している）外国人の８人に１人が技能実習生、在日コリアン（特別永住者）とほぼ同数なのです。

今、彼らの多くが深刻な生活苦に陥っている。コロナ不況で働く場は失われ、渡航制限で帰国することもできない。それこそ「平成の開国」と言って鐘や太鼓で国を挙げて招致した人たちではなかったのでしょうか。その人たちに、この国は、私たちの社会はどんなサポートをしているのでしょうか。

海外赴任中に、様々な場面で多くの「出国子女」たちに出会いました。

出国子女、というのは、海外の高校や大学・大学院、ＭＢＡを出て、日本に帰国することなく（あるいは一度帰国して日本企業に就職した後）海外の企業で働いている人たちです。すでに立派な社会人ですから「子女」というのはおかしいのですが、「帰国子女」と対になるのでこの表現が使われているようです。

押し並べて、彼ら彼女らは極めて優秀です。そして異口同音に語ったのは、「いまだに帰国子女を異端視する日本企業・日本社会」の閉鎖性でした。私は信じられませんでしたが、21世紀の日本に、まだ「帰国剥がし」があり、帰国子女いじめがある、というのです。それも名の通った大企業やメガバンクに、です。

企業の色に染め上げる人事管理、同調圧力の強い企業風土、男女差別、多様性を包摂できない職場環境……。世界標準とのあまりの違いに、彼ら彼女らは失望し、日本を離れて自分の能力が生かせる世界を求めて出国したのです。

もう有名になりましたが、ダボス会議を主催する「世界経済フォーラム」が公表している「ジェンダーギャップ指数」というスコアがあります。日本のスコアは０・６５２、１５３カ国中１１０位（２０１９年）でした。昨年末発表された２０２０年のスコアでは順位を１２１位まで落とし、中国、韓国にも抜かれました。個別のデータを見ても、国会議員の男女比１３５位。類似の労働における賃金の男女格差67位。推定勤労所得の男女格差１０８位。管理的職業従事者の男女比１３１位。専門・技術職の男女比１１０位です。

役員名簿にずらりと並ぶ「60代以上・男性」の顔写真。女性も若者も外国人もいない。そんな企業に優秀な女性たち、優秀な帰国子女たちが就職するでしょうか。そのうち日本人だって、優秀な人は日本企業を選択しなくなってしまうでしょう。

社会の多様性と共同体意識

日本人にとって、日本人であること、とか、日本の文化、とか、日本人の価値観、とか、およそ「日本社会」「日本という共同体」というのは一つの連続した「系」として私たちの意識の中に当たり前に存在しているもののようです。外国に住むとか異文化の研究をするとか、何か特別なきっかけでもない限り「そもそも日本とは何か」「日本人とは、日本的なるものとは何か」「自分はなにものか」、なんて考えることは（空気みたいに当たり前のものなので）まずありません。

日本という国は、北東アジアに位置し、古来より東アジア文化圏の中で大陸文化の影響を受けながら自らの歴史と文化を形づくってきました。同時に島国である日本社会は非常に同質性の高い社会であり、古くは大陸の文化を、近代にあっては西欧文化を随時受け入れながらそれを固有の文化や価値観と融合させ、時間をかけて消化・醸成して自らのものとし、それを共有してきました（この辺の話は、例えば丸山真男や京極純一の著書に詳しく書かれています）。

先の大戦直後の数年間を除けば他国に侵略・支配されたこともなく、文化的にも政治的にも社会の連続性が連綿と維持されてきました。日本人のおそらく9割以上は、どっぷりと日本社会に浸かって生きています。私たちには歴史に育まれた連帯意識や共同体意識があり、そこに根差した価値観を共有し、それが日本社会の基礎を形づくっています。

一方で柔軟かつ開放的でありながら他方で強固な独自性・個性のある共同体意識・アイデンティティーを持っているのが日本という社会です。

当たり前のものとして「日本」「日本社会」が存在し、極めて安定的・同質的な空間に生きてきた日本人にとっては、今の国際社会が直面する問題の根深さはなかなか理解するのが難しいかもしれません。

日本に住んでいる人のおそらく98％くらいは日本生まれ日本育ちで日本国籍があって日本語を話す親子代々の「日本人」ですが、当然この社会にも「日本生まれの『日本人でない』人」「日本育ちの『日本人でない』人」「そもそも日本以外から来て日本に住んでいる人」など、いろんな人がいて、同じようにこの社会で同じ空間・同じ時間を共有し、この社会の構成員として日本の法律を守り、学び、働き、もちろん税金も払っています。その中には日本国籍を持っている人もいるし、いない人ももちろんいます。

差別や不寛容・偏見は、「無関心」と「無理解」、さらに言えば「異なるもの」へのある種の「鈍感さ」から生み出されるものです。逆に言えば、社会の「寛容」さとか「多様性」というのは、常に積極的に他者を意識し、他者を理解し受け入れていく努力、共感する力が一人ひとりにあってはじめて生まれるものなのだと思います。

私たちは、無意識のうちに、それこそ「無関心」と「無理解」、そして「鈍感さ」ゆえに、知らない間に差別や不寛容、無言の抑圧や同化圧力を、この社会の中に生み出しているのかもしれません。

ちょっとだけでいいので、目を外の世界（内なる外の世界、も含めて）に向けて考えてみるのも大事なことだと思います。

「人間はみずからつくるもの以外の何者でもない。（Ｊ・Ｐ・サルトル）」

これから必要なのは、自分の意思を持ち、自ら主体的に考え、自分の言葉で語り、行動する力のある人材のはずです。

出口学長のお言葉を借りれば、「尖った人材」。そういう人間が育たなければ、これからの日本を誰が支えていくのでしょう。

自分の頭で考え、自分の言葉で語れるようになれば、現実に目を向ける勇気が生まれ、扇動的な言説や不条理なプロパガンダに引きずられることのない自分をつくることができます。

そんな人材を育て、その可能性を最大限に引き出せる環境をつくること。

大事なことはそういうことではないかと思います。

4 日本経済再生のために

成長戦略構想とその失敗

今私たちは、「失われた20年」（もう30年かもしれません）と呼ばれる経済の長期停滞に苦しんでいます。

成熟した資本主義社会は、「過少需要」に陥って成長が鈍化します。供給力の増大に需要が追いつけなくなり、生産力を拡大しても需要が見込めないと考える企業は期待収益率を下げ、政府が優遇措置をしても投資をしなくなります。

「かつては成長を支えたが今は飽和した成熟産業」ばかりを抱えている経済は成長が鈍化してしまいます。

当たり前ですが、経済成長とは、人々が必要とするもの、（貨幣を持っているよりも）買いたい財やサービスが登場することで実現されるものです。

成長の抑制要因は「需要の飽和」と「イノベーションの停滞」にある、とされます。とすれば、持続的経済成長のためには新しい財・サービスを創出し、産業構造の転換を図って「新しい需要」をもたらすような市場分野を開拓しないといけない、ということになります。

実際この10年、いや20年以上、政権交代があっても、繰り返し繰り返し「成長戦略」が構想され、様々に意匠を凝らした「成長戦略」を喧伝するコンサルタントやエコノミストが雨後のタケノコのように登場し、それに与する政治家・経済官僚が現れ、時々の政府の成長戦略の中に採用されていきました。

果たしてそれが正鵠を射ていたのかどうか、モノになったのかどうか、実際に結果が出せているのか。現実を見れば明らかです。

主流派経済学は、供給サイドが経済規模を決める、と考えています。ここからは、投資が足りず、供給サイドが弱いがゆえに経済が停滞している、という判断になります。労働市場はその柔軟性を高めるべきだし、所得分配については社会全体で貯蓄＝投資が効率的に行われるように分配されるべきで、その限りでは所得分配の不平等はある程度甘受されるべき、（要するに「効率を公平に優先させる」）と考えます。で、低所得者の生活向上は、経済全体が成長してその結果として（市場を通じて）恩恵が低所得者にも及ぶ――トリクルダウン理論――で対応する、という考え方になります。

社会保障は成長戦略の柱の一つになる

他方で需要サイドから考える、という経済学もあります。

この流れを汲む経済学は、需要（有効需要）の側面からものごとを考えますから、不況は「過少消費」の状態ととらえます。なので、需要創出という観点から「付加価値の分配」という側面を重視して、高所得者から低所得者へ、中央から地方への所得再分配を通じて、「社会全体の消費性向を高め、需要（有効需要）を創出すること」が大事だと考えるわけです。

この考え方からは、富の増加をもたらす政策としての所得再分配、安定的な需要を生み出す自立した中間層の創出、という流れが生まれますし、社会保障はそのための政策ツールとして積極的に位置付けられることになります。

日本のような社会で、健康・医療や介護、保育といった社会サービスが成長産業たり得る、というのは、まさにそれが（社会全体の需要が飽和する中で）人々が必要とし、求める「確実で実体的な需要」「今後も増大していく需要」だからです。

そして、社会保障制度がその需要を「有効需要」にする——医療、介護、保育などの社会サービスへの投資を行い、社会保険制度などによって「費用保障」を行う——ことで「必要な人が手に入れることのできる（つまり「買える」）」サービスにする——からです。

社会保障は所得再分配を通じて、消費が飽和していない人々や領域に所得を再分配する機能を持ちます。そして、現物給付である社会保障サービスそれ自体が実体的需要に応えて新たなサービス消費を生みます。

その意味では、社会保障制度そのものが一つの立派な「成長戦略」の柱になるものなのであり、社会保障が成長を支える、というのは、そういうコンテクストからも論じることができるのではないでしょうか。

経済学が政策思想、政策選択を支えるものである、という意味で言えば、社会保障の機能役割は、ちゃんと「経済学的」に基礎付けられる。私はそう考えています。

5 社会保障は民主主義を支える

危機にある21世紀の民主主義

ずっと経済や企業の話をしてきましたので、第4部の最後に社会保障と民主主義の話をしたいと思います。

社会保障と民主主義、どこでどうつながるのか、と皆さん思われるかもしれませんが、実はとても深いところでつながっている。私はそう確信しています。

物事なんでもそうですが、民主主義も「制度」をつくっただけでは機能しません。民主主義が機能するためには社会が一定の「発展段階」に達していること、つまりは民主主義の中核を担う安定的な中間階層が形成されていることが必要です。そして、分厚い中間所得層を形成するには一定の経済成長＝豊かさが必要であり、持続的に社会を発展させるには、その原動力である市民一人ひとりの活力、自己実現を保障すること、つまりはそれを生み出す「市民的自由の保障」が不可欠です。

つまり、経済成長と民主主義はいわば相互に支え合う車の両輪のような関係にある、ということです。そして、その両者を結びつけているのが社会保障なのです。

成長の果実を公平・公正に分配することで形成される「中間層」が社会の安定をもたらし、民主主義を支え、そのことが経済社会のさらなる発展を支える。つまりは、安定的な社会と経済の発展の底支えをしているのが社会保障や人的資本形成（＝教育）ということなのです。

民主主義を支える中間層が形成されなければ民主主義は「実装」されず、衆愚に陥ります。衆愚に陥った民主政治の行き着く先はポピュリズム、そしてファシズムです。

いま、世界のあちこちで極右の台頭やナショナリズムの台頭で国内世論が割れ、政治の安定が揺らいでいます。人々が心を閉ざし、寛容さを失い、自分の世界にこもり続ければ、社会は多様性を失い、閉塞し、分裂し、停滞していきます。社会の分裂は政治の不安定化を生みます。政治の安定が揺らげば、そこに権力の空白——統治の危機——が生まれます。

ミュンヘン安全保障会議（Munich Security Conference Foundation）が最近公表した「世界価値観調査」（２０１７）によると、過去20年（１９９５～１９９７年→２０１０～２０１４年）の間に、国家の統治のあり方として、「議会や選挙に煩わされる必要のない強い指導者による統治の方が望ましい」と考える人が世界中で増えています。

その傾向は旧東側諸国や新興国でより顕著（我が任国だったアゼルバイジャンもそうです）ですが、新興国のみならず、北米や西欧のような成熟した民主主義国でもその傾向が見て取れる、と言います。

「民主主義」は今日の国際社会を支える普遍的価値原理の一つです。安倍総理が演説などでくり返し言及する「自由や民主主義、基本的人権や法の支配といった基本的価値を共有する国々」「自由と民主主義に共通の価値を置く西側社会」を支える理念とは、まさにこの「自由民主主義―リベラルデモクラシー」に他なりません。

言うまでもなく、日本はそういった基本的価値を共有する国々の一員です。

その「民主主義」が大きな挑戦を受けている。

「民主主義」は、単に政治的意思決定や統治の原理ということにとどまりません。民主主義という思想が生まれ、普遍的価値を持つに至った歴史に鑑みれば、民主主義は「基本的人権(les droits inaliénables)」や「自由（liberté）」「平等（égalitée）」「参加（engagement）」、そして「法の支配（rule of law）」といった「理念」と深く結びついています。

「民主主義」が近現代社会の普遍的価値原理となったのは、民主主義（とそれを支えている理念）が単に政治的意思決定や統治に関わる原理――政治への参加・政治的平等（＝普通選挙）――だけではなく、民主主義を支える土台となる経済社会での平等、参加の保障、という価値原理をも内包しているからに他なりません。

デンマーク出身の社会学者・政治学者で福祉レジーム論の大家であるエスピン・アンデルセンによれば、戦後の福祉国家は、コミュニズムやファシズムの挑戦を受けた戦前の反省に立って、資本主義（市場経済）と民主主義の両立を目指す中で生まれた、とされています。

日本がそうであったように、戦後の民主主義社会～リベラル・デモクラシー～を支えたのは、市場経済を基礎とする自由経済体制の下、経済発展による豊かさを背景に形成され、社会の中核を担うこととなった中間層の人たちです。

今、中間層は世界中で崩壊しつつあります。世界経済の変調、産業構造の変化、グローバリズムの進行などによって、世界全体で、そして日本でも格差の拡大、社会的疎外、社会の分断が問題視されるようになりました。

「経済成長による豊かさと社会の安定の好循環」が崩れ、経済的な不安定さと将来への不安から「社会の不安と分断」が生まれます。結果、人々は「より強権的な指導者」を求めるようになっていきました。

現在の世界を見ると、かつてのような、選挙を経ずにクーデターなどで権力を握る独裁政権や軍事政権のような「あからさまな反民主的指導者」はあまりいません。多くの現代の独裁者は、民主主義的政治体制の中から（あるいは「民主的」に選ばれたように装いながら）生まれているのです。

思えば、ドイツのナチス政権は、当時世界で最も民主的と言われたワイマール憲法下で合法的に誕生した政権でした。経済不安・社会不安を背景に、外に敵（ヴェルサイユ体制）をつくり、内に敵（ユダヤ人）をつくり、扇情的な教宣活動や（ときに暴力も辞さない）大がかりな街頭運動によって国民の支持を取り付け、授権法によって議会を無力化し、社会を隅々まで「ナチ化」して独裁的な権力を「合法的」につくり上げました。ナチス政権下、人権と民主主義という近代世界の普遍的価値と制度は徹底的に破壊され、蹂躙されました。

現代の民主主義社会で暮らす私たちにとっても、ファシズムは決して遠い過去の話ではありません。『愛と欲望のナチズム』（講談社選書メチエ）の著者で、大学で「ナチスを体験する」授業を続けている甲南大学の田野大輔教授は、「人はいとも簡単にファシズムになびく」「民主主義が『多数派の支配』と理解されるような社会では、その危険はむしろ高まっている」「独裁体制の支配者など、権威に服従する人びとは一見従属的な立場に置かれているように見えるが、実は上からの命令に従うことで自分の欲求を充足できる治外法権的な自由を享受しており、主観的にはある種の解放感を味わっている可能性が高い」と述べています。

暗黒は市民の内なるダークサイドから生まれる

社会の不安定化、経済の混乱、社会の分断、人々の心を襲う不安、無関心、絶望、諦観、「合理的無知」や「フェイクニュース」を喜んで称揚するような「反知性主義」の広がり、保護主義の台頭、移民排斥、極端なナショナリズム、レイシズム、ヘイトスピーチ、極右／ポピュリズム政党の台頭……。

今世界中で、市民自身が自らの内にある「ダークサイド」に取り込まれ、自ら進んで「権威への服従」「集団への埋没」の道を選んでいるように思えます。

古代ギリシャの哲学者プラトンは、「独裁（寡頭独裁）は民主制の中から生まれる」と言いました。

「人々は慎みを愚かさ、節制を賤しさと呼び、無恥を勇敢と呼ぶようになる。…快楽は無限に続き、広がっていく――民衆は利己的なことを主張し、どんどん堕落していく。…そしていつしか、民衆は民主制に嫌気がさし、強力なリーダーシップを持つ政治家を支持するようになり、反対意見をその政治家と一緒になって潰していく。そして、その強力なリーダーはやがて、僭主に変わる」（プラトン『国家』より抜粋）

かの大ヒット映画「STAR WARS」シリーズでも、シスの暗黒帝国は共和国の内側から、共和国の衰退・崩壊から生まれます。ダークサイドは共和国の中で広がっていくのです。「人権」も「市民的自由」も、「平等」も「参加」も「法の支配」も、当事者＝主権者である市民自らがそれを守り、実践していかなければ、いともたやすく失われていきます。

これは多くの歴史が示す厳然たる事実です。

考えてみれば民主主義というのはとても脆弱なものです。独裁国家のように権力者が自由に振る舞うこともできず、意思決定にも時間がかかります。

だからこそ、危機に陥った国にファシズムが根を張るのです。シスの暗黒帝国が共和国連邦の危機に乗じて共和国の中から生まれたように、ファシズムは、民主国家の胎内から生まれ、内側から食い破って権力を握ります。歴史が証明している通りです。

現代の福祉国家における社会保障の機能とは、かつての救貧院や施療院のような「救貧」を目的としているものではありません。その機能の中心は、社会の中間層の貧困化を未然に防ぐ「防貧機能」にあります。

この「分厚い中間層」こそ、安定的な消費＝需要を生み出すコア層であり、同時に社会（＝民主社会）の中核を担い、政治の安定を支える層でもあります。民主主義と社会保障の親和性は、まさにここにあるのだと私は考えています。

格差とどう対峙するか——21世紀最大の課題

「資本主義経済のもとでは、長期的に「r＞g」が成立している。」（トマ・ピケティ『21世紀の資本』）

長期的に資本収益率は成長率を上回る。すなわち付加価値は資本の側により分配されていくということであり、より富めるものにより多くの付加価値が分配されていきます。つまり、付加価値の分配を市場機能のみに委ねれば、ゆっくりと、しかし確実に格差は拡大していく、ということです。

21世紀の世界経済が直面している大きな課題は「格差」です。

格差の拡大は社会を分裂させ、民主社会の基盤を掘り崩し、消費＝需要の鈍化、そして投資の縮小を招き、成長の足かせとなります。このことは２０１４年12月のＯＥＣＤのレポート（“Trends in Income Inequality and Its Impact on Economic Growth”『格差と成長』）の中でも明確に指摘されています。

同じ著書の中で、ピケティはこのようにも言っています。

「現代の所得再分配は、金持ちから貧乏人への所得移転を行うのではない（中略）むしろ、おおむね万人にとって平等な公共サービスや代替所得、特に保健医療や教育、年金などの分野の支出を賄う、ということなのだ。」

社会保障は、単なる高額所得者から低所得者への所得移転（救貧）ではなく、安定的な中間層を維持・形成するために、彼らを襲う「個人の力ではヘッジしきれない生活上のリスク」から彼らを守ること（＝防貧）にあります。

このことを通じて、社会保障は社会を支える安定的中間層を守り、社会の安定と持続的成長、そして「民主主義＝市民的自由」を支えています。社会保障が果たしている「政治的意義」は、まさにここにあるのです。

21世紀の世界経済が直面している大きな課題は、「格差」です。

社会保障を生涯の職としてきた者として、大げさなようですが、私は「自由と民主主義」に基本的価値を置く西側社会の一員であるこの国を守り、再び愚かな争いに世界を巻き込まないためにも、社会を分裂させ、民主社会の基盤を掘り崩す「格差の拡大」に逃げずに正面から立ち向かわなければならないと思っています。

終わりに

前著に引き続いてこの本を読んでくださった方、初めて私の本を手に取ってくださった方、最後まで私の話におつき合いいただいてありがとうございました。

本書では、日本の社会保障をどう改革していくか、ということと同時に、3年間海外から日本を眺める中で、日本が抱えている課題、それを解決していくために社会保障ができること、そして日本の未来のために社会保障が果たすべき役割はどんなことだろうかと、私が考えてきたことを書きました。

今回のCOVID-19の世界的流行は、日本が抱えている潜在的な諸課題を一気に顕在化させました。この先、私たちは後戻りできない大きな変化に直面することになるでしょう。

今まで以上に経済社会の不確実さが増していく中で、時代の変化を見通し、将来にわたって私たちの暮らしを支えることのできる社会をつくり、それを確実に次世代の人たちに伝え渡していくことは、今を生きる我々世代の重要な責任だと私は思っています。

本文でも書いたように、社会保障はこの国の経済を支え、民主主義を支えています。そして、社会保障はそれに関わる多くの人たちの努力があって初めてその機能を果たすことができています。

社会保障の現場を支える優秀な人材の確保や政策研究を担う良質な研究者の養成は容易ではありませんし、政策立案・政策研究と現場実践とをつなぐネットワークを構築していくこともまた大きな課題です。

それでも、私は、自分たちの努力で未来は変えられると考えています。社会保障のみならず、社会保障に関わる経済政策や労働政策、地域政策など様々な政策分野での実践的な研究、研修を通じ、現場を支える人材の養成・確保や社会保障政策研究に携わる研究者の支援、そして政策担当者と研究者・現場とのネットワークを構築する手助けをし、「次世代のためのより良い未来」をつくっていくことに貢献したいと考えました。

そのための活動拠点として、帰国後、「一般社団法人未来研究所　臥龍（Wolong）」（http://www.garyu.or.jp/index.html）を設立しました。

「臥龍」は、次世代を担う若い人たち、医療や介護の現場、アカデミズム、国や地方自治体で活動している皆さんの研鑽と交流の場です。ご関心のある方は、ぜひホームページをのぞいてみてください。

単著で本を書く、などという大それたことに再び挑戦できたのは、前回に引き続き東洋経済新報社の皆様、特に忍耐強く私を支えてくださった岡田光司出版局編集第一部長のおかげです。

そして、これまた前回に引き続き、厚生労働省時代の後輩諸兄姉にもあれこれ教えてもらい、海外赴任中の「情報ギャップ」を埋めてもらいました。

この場を借りてお世話になった皆さんに心から御礼申し上げます。

２０２０年　師走

香取照幸

【著者紹介】

香取照幸（かとり　てるゆき）

1956（昭和31）年、東京都出身。東京大学法学部卒業。1980年厚生省（現厚生労働省）入省。1982年在フランスOECD(経済協力開発機構)事務局研究員、1990年埼玉県生活福祉部老人福祉課長、1996年厚生省高齢者介護対策本部事務局次長。2001年内閣官房内閣参事官（総理大臣官邸）、2002年厚生労働省老健局振興課長、2005年厚生労働省雇用均等・児童家庭局総務課長。2008年内閣官房社会保障国民会議事務局参事官、同安心社会実現会議事務局参事官、2010年厚生労働省政策統括官（社会保障担当）、内閣官房内閣審議官（社会保障・税一体改革担当）、2012年厚生労働省年金局長、2015年厚生労働省雇用均等・児童家庭局長等を経て2016年6月退官。2017年在アゼルバイジャン共和国日本国特命全権大使。2020年4月より上智大学総合人間科学部教授、同年8月より一般社団法人未来研究所臥龍代表理事。

民主主義のための社会保障

2021 年 2 月 4 日発行

著　者――香取照幸
発行者――駒橋憲一
発行所――東洋経済新報社
〒103-8345　東京都中央区日本橋本石町 1-2-1
電話＝東洋経済コールセンター　03(6386)1040
https://toyokeizai.net/

装　丁…………橋爪朋世
D T P…………アイシーエム
印　刷…………東港出版印刷
製　本…………積信堂
編集協力………岩本宣明
編集担当………岡田光司

　ISBN 978-4-492-70152-2